I N V E S T I G A Ç Ã O

IUC

COEDIÇÃO

Imprensa da Universidade de Coimbra

Email: imprensa@uc.pt

URL: http//www.uc.pt/imprensa_uc

Vendas online: http://livrariadaimprensa.uc.pt

UNINT University Press

COORDENAÇÃO EDITORIAL

Imprensa da Universidade de Coimbra

CONCEÇÃO GRÁFICA

Imprensa da Universidade de Coimbra

TRADUÇÃO

Sílvia Ferreira

REVISÃO DA TRADUÇÃO

Mick Greer

IMAGEM DA CAPA

Vista aérea do Paço das Escolas com a Biblioteca Joanina à esquerda.
© Nuno Antunes

INFOGRAFIA

Mickael Silva

EXECUÇÃO GRÁFICA

KDP

ISBN

978-989-26-2604-8

ISBN DIGITAL

978-989-26-2605-5

DOI

https://doi.org/10.14195/978-989-26-2605-5

DEPÓSITO LEGAL

539784/24

APOIOS

Este trabalho é financiado por Fundos Nacionais através da FCT – Fundação
para a Ciência e a Tecnologia, I.P., no âmbito do projeto UIDB/00417/2020

A BIBLIOTECA JOANINA DE COIMBRA

HISTÓRIA E CONSTRUÇÃO ARQUITETURA E ARTE

ROBERT C. SMITH

Edição crítica de Sílvia Ferreira

Agradecimentos

Cristina Rodrigues; Eduardo Pires de Oliveira; Filomena Serra; José Oliveira Barata; Martin Dale; Maria João Petisca; Maria de Fátima Eusébio, Nuno Tasso de Sousa; Pedro Flor; Susana Varela Flor.

Agradecimentos institucionais

Academia Nacional de Belas Artes (Dra. Andreia Silva); Biblioteca Geral da Universidade de Coimbra e Joanina (Prof. João Gouveia Monteiro; Dra. Ana Maria Bandeira); Biblioteca Municipal Rocha Peixoto (Dra. Lurdes Adriano); Fundação Calouste Gulbenkian (Dra. Ana Barata; Prof. António Filipe Pimentel; Dr. João Vieira Santos; Dra. Maria José Cachola); Imprensa da Universidade de Coimbra (Prof. Alexandre Dias Pereira; Prof. Delfim Leão, Doutora Maria João Padez de Castro); Instituto de História da Arte, Faculdade de Ciências Sociais e Humanas da Universidade NOVA de Lisboa / IN2PAST (Prof.ª Alexandra Curvelo, Prof.ª Joana Cunha Leal, Dra. Ana Paula Louro); Museu Arqueológico do Carmo (Dra. Célia Pereira); Museu de Aveiro/Santa Joana (Dr. José Rebocho Cristo); Latin American, Caribbean and European Division of the Library of Congress-Washington D.C. (Doutora Suzanne Schadl); Universidade de Harvard – Cátedra Nancy Clark Smith (Prof. Josiah Blackmore).

SUMÁRIO

DA IMPORTÂNCIA DE SABER VER

Robert C. Smith, o historiador da arte americano, autor da *obra* cuja edição crítica ora se apresenta, não foi, seguramente, uma personagem secundária: nem nos seus EUA natais, nem, muito menos, no ambiente do que podemos chamar (por comodidade de serviço) de historiografia portuguesa da especialidade — onde passaria como um astro, iluminando áreas de intensa obscuridade, que convertem o seu trabalho, volvidas muitas décadas, na base sobre a qual as gerações futuras continuam alicerçando os seus próprios contributos.

Provido de um elevado grau de formação especializada (que o distinguia do empirismo que, essencialmente, dominava então as práticas histórico-artísticas nacionais), as suas qualidades de trabalhador infatigável farão dele, em regra, o primeiro explorador de cada novo território. Assim seria, com efeito, nos estudos que dedica a Nicolau Nasoni, a André Soares ou a Frei José de Santo António Ferreira Vilaça, à talha dourada dos altares (e igrejas) da metrópole, ou à sua expansão além-Atlântico, no quadro do chamado Barroco luso-brasileiro: tudo seriam *descobertas* dessa personalidade com a qual, efetivamente, Portugal e o seu património artístico contrairiam uma divida nunca verdadeiramente saldada.

Outro tanto se diga, na verdade, dessa autêntica joia do Barroco mundial que representa a Livraria universitária coimbrã, comummente conhecida por Biblioteca Joanina. Se é certo que aguarda ainda o estudo de conjunto que objetivamente merece, também nesta matéria, uma vez mais, Robert Smith se revelaria pioneiro. A sua prematura morte interromperia, com efeito, a edição de um *livro*, cujo *original* seria preservado, por quase meio século, no Arquivo de Arte da Fundação Calouste Gulbenkian, que o historiador havia constituído herdeira dos seus documentos de trabalho.

Foi à publicação dessa *obra* que Sílvia Ferreira deitou mãos, munida da familiaridade com o tema e o respetivo autor e com a competência que lhe é transversalmente reconhecida: pondo assim termo a meio século de especulações. Donde, pois, o acrisolado interesse e a natural expetativa com que se aguardaria a publicação do mítico texto sobre esse fascinante edifício: expetativa que o presente trabalho não defrauda — muito ao invés — e que, sobretudo, de algum modo ajuda a colmatar (do mesmo passo que desfaz a lenda ou mito de um *livro* inédito, pronto a publicar), no quadro de um empreendimento exaustivo, que explora, até ao limite do possível, as fontes disponíveis.

De facto, o *original* em causa não constitui exatamente *um texto*, inacabado, a que pudesse ser dado, em qualquer circunstância, o título de *livro*. Antes se trata de (ao menos) três exemplares datilografados do que pode considerar-se a fase final do trabalho a que Smith dedicaria os seus últimos anos (ou, pelo menos, das suas derradeiras versões), com a agravante de estarem redigidos um em português e os restantes em inglês, além de apresentarem grandes diferenças entre si.

A estes, contudo, acresceria ainda uma miríade de outras fontes: um imenso volume de "textos datilografados, manuscritos, cartas, desenhos, fotocópias e anotações mais extensas ou breves sobre a Biblioteca Joanina" (como refere a autora na extensa *Introdução* que antecede a obra), que igualmente cruza, a fim de, não apenas estabilizar o texto, como apurar o próprio surtido de um pensamento cujo fio a sua morte súbita haveria de cortar.

Seja, pois, pela objetiva utilidade de conhecer o pensamento do historiador a respeito de uma das mais relevantes edificações nacionais de todos os tempos, seja, muito em particular, pelo trabalho, verdadeiramente exaustivo, desta edição crítica, cruzando sistematicamente todas as fontes disponíveis, numa trama enriquecida com a produção científica entretanto gerada — trabalho fino que, em absoluto, duplica o conteúdo da obra e a relevância do acesso atual aos conteúdos produzidos por Smith —, tudo neste trabalho verdadeiramente modelar de Sílvia Ferreira se congraça no sentido de convertê-lo, doravante, em obra central na bibliografia da arte barroca, não apenas nacional, mas (atenta a relevância da matéria em causa) igualmente internacional.

Com efeito, enquanto o texto português se debruça, essencialmente, sobre a *História e Construção* do esplêndido edifício (como se infere do respetivo título), com o apoio da documentação preservada no arquivo universitário — procurando igualmente avançar nas biografias dos artistas e artífices envolvidos (casos de Gaspar Ferreira, o mestre construtor, e de Manuel da Silva, pintor do charão das estantes, ou da dupla responsável pela *quadrattura* ilusionística dos tetos, António Simões Ribeiro e Vicente Nunes) —, o capítulo redigido na língua inglesa busca, por caminhos paralelos, responder à questão central, em relação à qual, justamente as fontes escolares são totalmente omissas: a da autoria do plano arquitetónico do esplêndido edifício.

O enigma desconcertante dessa "Biblioteca sem autor", como refere Sílvia Ferreira, converter-se-ia, efetivamente, no tema obsidiante dos seus últimos anos, de resto antecipado na própria *Introdução* ao texto português, onde, desde logo, avançará com argumentos em favor da sua tese (mesmo que remetendo o seu maior desenvolvimento para plano futuro — "como hei-de mostrar no devido lugar", afirmaria — precisamente o da versão inglesa do seu texto): que é a da autoria de Claude de Laprade (Avinhão, 1682 – Lisboa, 1738) sobre os planos da Joanina. Será ele, pois, para o historiador americano, o *autor* que faltava à Biblioteca.

E é, de facto, ao serviço dessa busca que podemos colher o *melhor Smith*: esse que faz recordar o precoce autor do extraordinário texto "João Frederico Ludovice, an eighteenth century architect in Portugal", publicado em 1936 — importantíssima síntese da dissertação de doutoramento, defendida em Harvard, no mesmo ano, que, de igual modo, aguarda ainda a tão necessária edição (crítica) em língua portuguesa. Como então, na verdade, a notável pesquisa que agora faz, no plano estritamente formal que é o seu (a "análise estilística é uma das finalidades deste livro" escreverá na referida *Introdução*), das fontes documentais da livraria universitária, cruza-se com um levantamento sistémico da realidade estética internacional contemporânea (incluídas as respetivas fontes iconográficas), que o coloca em situação absolutamente ímpar no universo académico português.

É à sua luz (muito além, pois, do positivismo estrito que se lhe quis colar) que extrai, enfim, as suas conclusões: as mais corretas, na verdade, e bem fundamentadas que a crítica historiográfica permite elaborar. Longe, pois, de todo o empirismo, é no exercício do mais estrito rigor científico que assenta a sua capacidade de *saber ver*. Donde esse *olhar perspicaz*[1] que, por regra, o faria, efetivamente, ver longe e, especialmente, com singular antecipação: como sucederia com o papel de Ludovice em Mafra — ou ainda, de permeio, com a sua certeira intuição a respeito da autoria de Antonio Canevari sobre a torre universitária coimbrã, que deixaria cair nestas mesmas páginas[2] — como sucede agora com Claude de Laprade e a Biblioteca universitária coimbrã. A *importância de*

---

[1] PIMENTEL, António Filipe, "Um olhar perspicaz: Robert Smith e o Monumento de Mafra", in *Robert C. Smith (1912-1975). A investigação na História de Arte*, Lisboa, Fundação Calouste Gulbenkian, 2000, Cat., p. 277-287.

[2] Cfr. *idem*, "António Canevari e a torre da Universidade de Coimbra", in Natália Marinho Ferreira Alves (coord), *Artistas e Artífices e a sua mobilidade no mundo de expressão portuguesa: actas do VII Colóquio Luso-Brasileiro de História da Arte*, Porto, 2005, pp. 49-58.

saber ver, ilustrada numa lição magistral de historiografia, cuja atual utilidade se afigura incontestável.

É, na verdade, de um sonho truncado que se trata aqui: testemunhado na tripla versão (não finalizada) do texto que deveria estruturar o grande livro sobre a Biblioteca escolar, estudo de conjunto que a morte o impediu de concluir, e nas múltiplas notas que o suportariam, integrado tudo no legado do seu espólio científico, que o historiador haveria de deixar, nas suas últimas vontades, à Fundação que tanto apoiara os seus projetos. Mas trata-se, igualmente, de outro sonho, felizmente cumprido: o da publicação desses textos, com a possível uniformização, graças ao labor de rigor extremo realizado por Sílvia Ferreira, que tudo lograria, justamente, integrar.

Efetivamente, por intermedio do seu trabalho, de paciente arqueologia, não apenas nos é devolvido o pensamento do autor (acompanhado, a par e passo, da respetiva fortuna crítica), como, de permeio, se estabiliza uma extensa e importante nota biográfica sobre o notável historiador da arte americano, essencial para uma compreensão integrada da sua própria atividade profissional. De facto, coligindo e ampliando os dados avançados, vai para um quarto de século, na primeira e única sistemática atenção que lhe seria dedicada — na importante mostra[3] organizada na esteira da relação privilegiada que mantivera com a Fundação Calouste Gulbenkian e da referida incorporação, no seu Arquivo de Arte, do seu espólio documental —, o trabalho de Sílvia Ferreira (condensado na esplêndida *Introdução* ao volume, no âmbito da secção dedicada a "O autor"), possibilita, enfim, uma visão ampla e sistemática do seu percurso pessoal.

Dos anos de formação (e do contacto precoce com a realidade artística portuguesa — designadamente com Mafra e Coimbra —,

---

[3] *Robert C. Smith (1912-1975). A investigação na História de Arte*, Lisboa, Fundação Calouste Gulbenkian, 2000, Cat.

justificativos da sua peculiar opção profissional) aos terminais (e ao obsidiante projeto da Joanina), passando pelos intermédios (em que, nos EUA como em Portugal, acumularia posições de prestígio académico, construindo, em paralelo, uma densa malha de inter--relações que se converteria em poderoso auxiliar operativo), não foi nunca, objetivamente, uma *personagem secundária*: nem no seu país de origem, nem, muito menos, no que adotaria como território de investigação. O que haveria de fazer toda a diferença...

Certo é que, se a extraordinária Livraria escolar conimbricense não recebe ainda, por esta via, a obra-síntese, o *estudo de conjunto* que, de algum modo, Robert Smith idealizou (focado como, obviamente, estaria nos problemas da "análise estilística", objetivamente assumidos como " uma das finalidades deste livro"), o espantoso trabalho de Sílvia Ferreira — de recenseamento exaustivo da produção historiográfica posterior com essas matérias relacionada — coloca-a muito próximo desse final desígnio, convertendo em *livro* o que, na verdade, era apenas a matéria-prima para tal objetivo: e, do mesmo passo, contribuindo para saldar a enorme dívida que Portugal e o seu património artístico contrairiam com o historiador.

Nesse sentido, ao averbar aqui umas quantas linhas de apresentação desta notável obra — duplo *opus magnum*, afinal — sinto bem o peso da estultícia: seja pela prestigiosa auréola que rodeia a memória ilustre do seu autor, seja pela já consagrada carreira da particular autora desta notabilíssima edição. Pessoalmente, com efeito, não posso mais do que saudar a oportuna edição deste importantíssimo texto do grande historiador (que apenas pecará pela tardança), nem especialmente, a justíssima associação, que nela se promove, entre a Universidade de Coimbra e a Fundação Calouste Gulbenkian: e não, decerto, por ser aquela a minha *alma mater* e esta a instituição que ao presente sirvo (mesmo que tais circunstâncias possam pesar nos meus particulares afetos), mas pelas óbvias razões que resultam, por um lado, da expetativa com que, nos anos que precederam imediatamente a sua prematura morte, seria este estudo e suas conclusões ansiosamente aguardado na velha Escola coimbrã e alimentar o autor a justificada expectativa de ser a Fundação a sua putativa editora (como se infere do 2º capitulo, agora dado à estampa).

Invertendo-se hoje os papéis respetivos (a Universidade emprestou os prelos, a que a Fundação se associa, assim viabilizando o empreendimento), nem tudo, na verdade, seriam desvantagens nesta tardia edição dos rascunhos deixados inconclusos por Robert C. Smith. Nas quase cinco décadas que nos separam da sua produção, não apenas a historiografia da arte portuguesa evoluiu, possibilitando avanços que, como de hábito, caucionariam a visão pioneira do historiador americano, como (por via disso mesmo), forneceriam à magna empresa da edição crítica uma amplitude de material que faz com que o contributo do historiador se inscreva numa trama elementarmente espessa de conhecimento — assim possibilitando a Sílvia Ferreira a realização do seu profícuo trabalho com a sofisticada minúcia que o converte, não somente em modelo, mas, muito especialmente, num poderoso instrumento na difusão dos estudos sobre o Barroco em Portugal e, genericamente, sobre o que se convencionou chamar de *arte das bibliotecas* — e, nela, dessa extraordinária joia do património artístico universal que é a comummente designada Biblioteca Joanina. E será tudo isto, em fim de contas, que importará hoje *saber ver*.

Lisboa, 31de julho de 2024.

António Filipe Pimentel

CONHECER A JOANINA

Em 2024 teve início o projeto "Joanina Digital", financiado pelo Emirado de Sharjah, com o objetivo de digitalizar toda a coleção do Piso Nobre da Biblioteca Joanina (c. 30,000 volumes) até 2029. Decorreu também recentemente um novo levantamento do interior e do exterior do edifício através de técnicas de digitalização a laser 3D para uma modelação virtual da Joanina. Ambas as iniciativas testemunham a importância da Joanina como construção histórica e herança patrimonial, que nos cabe continuar a conhecer e a preservar. Nesse conhecimento juntam-se a investigação sobre a Biblioteca como sistema de organização da informação bibliográfica e a investigação sobre a Biblioteca como criação arquitetónica e artística. Trata-se de revisitar a coleção e o edifício com a perspetiva crítica proporcionada pela computação.

Os estudos sobre a Biblioteca Joanina são uma parte integrante do seu autoconhecimento num momento em que a digitalização muda o nosso olhar sobre o seu legado e expande os seus modos de presença na nossa imaginação e nas práticas de investigação. A edição crítica de *A Biblioteca Joanina de Coimbra, história e arte. Um estudo inédito de Robert C. Smith*, realizada por Sílvia Ferreira, vem tornar acessível uma obra que se encontrava apenas em versão datiloscrita no espólio do autor legado à Fundação Calouste Gulbenkian. Dedicada à história da construção do edifício e à análise estilística dos seus elementos artísticos, a obra de Robert C. Smith representava à época um avanço no conhecimento, designadamente pela sistemática pesquisa documental e pela análise integrada que propõe, como é referido no estudo de apresentação. Trata-se por isso de um inestimável contributo para a bibliografia sobre a Joanina que nos importa assinalar.

18

Manuel Portela

Diretor da Biblioteca Geral da Universidade de Coimbra

APRESENTAÇÃO

Sílvia Ferreira[1]

Nota prévia

A presente publicação, em edição crítica, da obra inédita de Robert C. Smith (1912-1975), dedicada à Biblioteca Joanina de Coimbra, foi levada a cabo no âmbito do IHA seed-project "A Biblioteca Joanina de Coimbra, história e arte. Um estudo inédito de Robert C. Smith" e financiada por Fundos Nacionais através da FCT - Fundação para a Ciência e a Tecnologia, I.P., no âmbito do projeto UIDB/00417/2020, https://doi.org/10.54499/UIDB/00417/2020. Foi desenvolvida em colaboração com a Imprensa da Universidade de Coimbra e a Fundação Calouste Gulbenkian.

Opções editoriais

A obra inédita de Robert C. Smith referente à história e arte da Biblioteca Joanina de Coimbra faz parte do seu espólio de trabalho legado em testamento à Fundação Calouste Gulbenkian. É constituída

---

[1] IHA – NOVA FCSH / IN2PAST. Contrato de trabalho ao abrigo ao Norma Transitória [DL 57/2016/CP1453/CT0029], https://doi.org/10.54499/DL57/2016/CP1453/CT0029.

por três manuscritos datilografados, escritos um em português e os outros dois em inglês, que considerámos serem aqueles que representavam as últimas versões do trabalho[2]. O primeiro intitula-se "História e Construção" e debruça-se, essencialmente, sobre o processo construtivo da Biblioteca, principalmente sobre as obras e os artistas que nela laboraram. O segundo está redigido em inglês, bem como as notas a esse texto, que se encontram em documento separado. A versão em inglês é um exercício sistemático de análise estilística da fachada e dos interiores da Biblioteca, na procura pelo autor da sua conceção. Smith, depois de comparar o portal e os interiores do monumento com obras maioritariamente italianas e francesas do barroco e de analisar as obras pétreas executadas pelo escultor de Avignon, Claude Laprade, quer para a Universidade de Coimbra, quer para o túmulo da capela da Vista Alegre, em Ílhavo, ou para os portais da igreja do Senhor das Barrocas, em Aveiro, que lhe atribui, encontra a sua melhor hipótese para a autoria do desenho do faustoso monumento do reinado de D. João V, o escultor Claude Laprade.

Perante a forma como os documentos se apresentavam, redigidos o primeiro capítulo em português e o segundo em inglês, optou-se por uma edição bilingue. Assim, apresenta-se uma obra que, potencialmente, poderá ser fruída por um público internacional, colocando a história construtiva da Biblioteca Joanina e a análise estilística sobre a sua arquitetura e artes aplicadas num universo mais vasto de sistematização do conhecimento sobre este edifício, sobre os estilisticamente coevos e outros que lhe sucederam.

A dispersão e volume de textos datilografados, manuscritos, cartas, desenhos, fotocópias e anotações mais extensas ou breves sobre a Biblioteca Joanina, no espólio documental de Robert C. Smith, obri-

---

[2] Existe uma outra cópia do capítulo intitulado "História e Construção", que está redigido igualmente em português, mas que se apresenta menos completo em termos de anotações do autor.

gou a um trabalho lento e minucioso de organização e confronto das informações neles constantes com os textos e notas dos dois capítulos datilografados da obra inédita. Constatou-se, que quase todas as informações que compilou, em aturado trabalho de construção de fichas de trabalho, de anotações e de transcrição manuscrita e datilografada de contratos de obra, de róis de pagamentos a artistas e outros trabalhadores da obra da Biblioteca, de excertos de obras impressas e de estudos, estão espelhadas nestes dois capítulos.

Na presente edição dos manuscritos e textos datilografados de Robert C. Smith referentes ao seu estudo inédito sobre a História e Arte da Biblioteca Joanina de Coimbra, e tendo em conta que os mesmos se encontravam em estádios diferentes de conclusão e que as revisões finais ainda não tinham sido feitas, as seguintes opções foram por nós tomadas:

1) Respeitou-se a forma e o conteúdo dos textos originais, corrigindo-se os escassos erros ortográficos e gramaticais que a versão em português apresentava, seguindo uma prática descrita em cartas e demais documentos, que provam que o autor delegava essa missão, frequentemente, nos seus amigos e colegas de história da arte, em Portugal, com destaque para Flávio Gonçalves e o seu editor privilegiado, Rogério Moura[3].

2) Optou-se por integrar no texto final as anotações que os textos originais continham, como substituição de palavras, inserção

---

[3] Na epistolografia trocada com Flávio Gonçalves eram frequentes as referências a emendas feitas pelo amigo aos seus textos. Tomemos como exemplo duas cartas de Robert Smith a Flávio Gonçalves, a primeira de 19 de junho de 1971, oriunda da Pensilvânia, que refere: "(...) tenho lido com a maior atenção, palavra por palavra, o texto do meu artigo sobre Matias de Lis de Miranda. Agradeço imensamente o extremo cuidado que exerceu sobre a minha escolha de palavras e ao mesmo tempo peço desculpe dois erros de gramática horrendas por mim cometidas, além da frase inteiramente incompleta que deixei no original (...)" e outra de 26 de junho do mesmo ano e local de envio reforça "(...) Agradeço a sua amabilidade em completar a bibliografia dos ex-votos para o meu respetivo artigo, em cujas notas já a coloquei (...)". Biblioteca Municipal Rocha Peixoto (BMRP), *Espólio Epistolográfico de Flávio Gonçalves. Cartas de Robert C. Smith.*

de notas de rodapé ou chamadas para assuntos tratados em outros locais do livro. Todas estas anotações deverão ter sido feitas por Robert Smith e, a fim de não carregarmos o texto final com notas, o que introduziria disrupção na sua leitura, decidiu-se absorver no texto todas as anotações do autor.

3) Manteve-se a ortografia da época da redação e as normas de citação de notas e bibliografia dos originais.

4) Completaram-se informações inacabadas ou ausentes em algumas notas nos textos originais, nomeadamente, remissões para fundos documentais, como o do Arquivo da Biblioteca Geral da Universidade de Coimbra, o do arquivo da Biblioteca Joanina de Coimbra e para referências bibliográficas a Estudos, que por vezes apenas mencionavam o último apelido dos autores, acompanhado de uma data, ou não, e o número de páginas.

5) Optou-se por apresentar os nossos aditamentos ao texto original com uma cor diferenciada, que permitirá aos leitores o entendimento correto daquilo que é original do texto de Robert C. Smith, do que foi acrescentado.

6) Introduziram-se notas de rodapé, especialmente, no caso de passagens do texto menos claras, ou no sentido de referir bibliografia atualizada sobre os temas abordados pelo autor naquela específica passagem do seu texto.

Apresentação

O autor-breves notas

Robert C. Smith nasceu nos Estados Unidos da América, em Crawford, Nova Jérsia, a 26 de fevereiro de 1912. Filho único, oriundo de uma família da alta burguesia americana, viajou, na adolescência, com os seus pais por vários países da Europa, com passagem por Espanha e Portugal. Esse *tour* europeu, comum a algumas famílias norte-americanas endinheiradas da época, alimentou a sua já certamente latente curiosidade pelas artes e predispô-lo para uma mundividência informada, que cultivou ao longo da vida. A sua entrada na Universidade de Harvard, em Boston, em 1929, com 17 anos, no curso de Belas Artes, refletiu certamente essa recente experiência de estímulo intelectual.

Os primeiros contatos de Robert Smith com a arte barroca portuguesa, ou executada para Portugal, iniciaram-se com a viagem que fez a Nápoles, em 1932, com a finalidade de estudar a arte do sul da Península Itálica. A descoberta na Biblioteca Palatina da Regia di Caserta, dos desenhos executados pelo arquitecto napolitano Luigi Vanvitelli, destinados à capela de S. João Batista da Igreja de São Roque, em Lisboa, comissionados por D. João V (1707-1750) em 1742, direcionou os seus estudos para Portugal. Em 1933 adquire o grau de *Bachelor of Arts summa cum laude* e em 1934 o grau de mestre com a dissertação intitulada *The minor architect Luigi Vanvitelli*. Entre 1934 e 1935 viaja para Portugal e visita Lisboa, Mafra e Coimbra. Terá sido no âmbito da passagem por Mafra, que se inteirou da relevância do Palácio-Convento de Nossa Senhora e Santo António de Mafra. A obra e o seu arquiteto, Frederico Ludovice, despertaram o seu interesse e encaminharam-no para o tema com que obterá o grau de doutoramento. Uma súmula da sua tese foi publicada em 1936 com o título: "João Frederico Ludovice, an eighteenth century architect in Portugal". The Art Bulletin, 18 3, Sept., 273-370, revista do *College Art Association of America*. Essa escolha foi efetivamente muito particular, tendo em conta que se tratava de um historiador de arte norte-americano nos anos trinta, década em que o interesse pela arte Iberoamericana não era comum entre os seus pares. No entanto, a decisão é explicável, quer pelos interesses de Smith, quer pelo método de ensino praticado e desenvolvido na sua universidade de Harvard, em Boston. De facto, este historiador de arte pertenceu ao grupo de estudiosos de cultura latino-americana dessa universidade e de outras instituições dedicadas ao tema. Logo em 1936, ano do *terminus* da sua tese de doutoramento, começou a colaborar no *Handbook of Latin American Studies,* editado pela Hispanic Divison, sediada na Biblioteca do Congresso, em Washington D.C., sendo responsável pela secção sobre arte e cultura do Brasil, colaboração que cessará apenas em 1962. A sua viagem em 1937, ao Brasil, Minas Gerais, para estudar arte barroca colonial conduziu-o, inevitavelmente, para Portugal, país matriz dessas expressões artísticas. Entre 1939-1942 foi co-diretor da Hispanic Division, diretor entre 1942-1943 e conservador da secção de gravuras e fotografias. Foi ainda co-editor, a par de Elizabeth Wilder, de *A Guide to the Art of Latin America* (1948) publicado pela Biblioteca do Congresso. Compilou e ordenou material destinado a conferências de colegas americanos sobre arte colonial brasileira e coligiu cerca de 10.000 fotografias para o arquivo fotográfico da Hispanic Division. Sabe-se que, prosseguindo a sua vocação para os estudos Iberoamericanos, em 1949 presidiu à Comissão de Estudos Inter-americanos da Universidade da Pensilvânia.

Entre 1937-1939 lecionou na Universidade do Illinois e entre 1945-1946 no Sweet Briar College. Em 1947 começa a sua carreira de professor na *School of Fine Arts* da Universidade da Pensilvânia, terminada em 1972, por reforma por invalidez. Dedicou-se essencialmente ao ensino da arte e da arquitetura Iberoamericana, bem como daquela da América do Norte[4].

---

[4] Sobre a formação, os métodos de trabalho de Robert C. Smith e a sua vocação para os estudos Iberoamericanos, veja-se Wohl, H. (2000) - Robert C. Smith e a História da Arte nos Estados Unidos. In Jorge R. e Manuel C. (eds.), *Robert C. Smith (1912-1975). A investigação em história de arte* (pp. 17-29). Fundação Calouste Gulbenkian; Russel-Wood, A.J.R. (2000) - Robert Chester Smith: investigador e historiador (pp. 31-65). In *ibidem.*

As suas vindas a Portugal intensificaram-se a seguir ao convite que recebeu da embaixada portuguesa em Washington para integrar a Comissão de representantes oficiais dos Estados Unidos às Comemorações do Duplo Centenário de 1940, que celebrava os 800 anos de existência do país e os 400 de independência face a Castela. Logo em fevereiro desse ano, o embaixador português nos Estados Unidos, António de Bianchi recebe uma carta de António Oliveira Salazar, presidente do Conselho de Ministros, exortando a que os embaixadores de países com quem Portugal mantinha relações de amizade e de proximidade cultural fossem oficialmente convidados a enviar os seus representantes para participarem na efeméride do Duplo Centenário. O convite é imediatamente aceite pelos Estados Unidos, que nomeiam uma comissão diplomática para seguir para Portugal e participar nas comemorações. Desta comissão faziam parte: Anthony J. Drexel Biddle Jr., Embaixador dos Estados Unidos na Polónia; Charles Edward Courtney, representando a Marinha dos Estados Unidos, Paul T. Culbertson, do departamento dos Negócios Estrangeiros e Robert C. Smith, em representação da Divisão Hispânica da Biblioteca do Congresso, em Washington.

Através desta documentação, à guarda do arquivo e biblioteca do Instituto Diplomático do Ministério dos Negócios Estrangeiros português, percebe-se que Robert Smith era já bem conhecido da comunidade portuguesa em Washington e em Filadélfia. O seu nome surge a par de outros estudiosos da história, cultura e arte portuguesas, nativos dos EUA ou lá emigrados, como era o caso de Manuel Cardoso, emigrante Açoreano, em Washington[5]. Muitos destes historiadores foram inicialmente chamados pela Embaixada portuguesa em Washington para colaborarem nas iniciativas que se desen-

---

[5] Almeida, O. T. (2013). Manoel da Silveira Cardozo (1911-1985) – Um historiador picoense nos Estados Unidos. *Boletim do Núcleo Cultural da Horta*, pp. 123-136. Manuel Silveira Cardoso foi diretor da Biblioteca Oliveira Lima, docente na Universidade Católica de Washington e contato próximo de Robert C. Smith.

volveriam naquele país, principalmente destinadas à comunidade portuguesa lá residente, mas também como veículo de difusão e propaganda da história e arte portuguesas junto do público nativo. Nesse sentido, Robert Smith foi convidado a proferir uma série de palestras sobre arte portuguesa, motivo pelo qual escreve a António Ferro solicitando o envio de imagens para acompanhar as mesmas. As imagens requisitadas não podiam ser mais emblemáticas: Sé de Lisboa, Mosteiro dos Jerónimos, Convento de Cristo, em Tomar, entre outros. Pediu essencialmente exemplos de pintura e escultura dos séculos XVI e XVII[6].

Uma outra atividade de Robert Smith, recentemente identificada, coloca-o na posição de reconhecido especialista norte-americano sobre arte portuguesa, em data próxima à sua primeira vinda oficial a Portugal. Quando a historiadora de arte, também norte-americana, Georgiana G. King visitou Portugal em 1935, com a intenção de conhecer e analisar alguns dos mais relevantes monumentos medievais portugueses, elabora um caderno de apontamentos, que só a sua doença súbita impediu de completar e trabalhar de forma mais sistemática[7].

Esse documento, conhecido como *Portuguese Notebook*, ficou de certo modo inacabado e não chegou a ser publicado em vida de Georgiana King. Para a matéria que aqui tratamos, interessa-nos a circunstância de ter sido Robert C. Smith a pessoa a ser contatada para rever o referido manuscrito, nomeadamente, no que se referia à grafia de certos topónimos e monumentos portugueses, bem assim como à relevância e pertinência de edição do estudo da sua colega.

---

[6] Sobre a participação de Robert C. Smith nas comemorações do duplo centenário, em 1940, veja-se Ferreira, S. (novembro 2022). Gold on Blue in Philadelphia. Robert C. Smith and the Installation of the 'Portuguese Chapel' at the Samuel S. Fleisher Art Memorial. *RIHA Journal*.

[7] A edição crítica deste caderno de viagem foi recentemente publicada por Neto, M.J. (2022) - *Arquitetura Medieval Portuguesa. O olhar da americana Georgiana G. King em 1935*. Caleidoscópio.

Sempre bem recebido em Portugal, especialmente pelas instituições culturais e demais locais das regiões onde desenvolvia as suas investigações, Smith conseguiu criar uma rede de contactos e de influências que muito contribuíram para o sucesso dos seus estudos, afirmados em múltiplos suportes de divulgação. Desde os jornais locais, como *O Comércio do Porto, O Tripeiro* (Porto), o *Notícias dos Arcos* (Arcos de Valdevez), até às revistas científicas em Portugal (*Belas-Artes, Bracara Augusta, Colóquio Artes...*) e no estrangeiro (*Apollo, Antiques, The Burlington Magazine, The Connoisseur...*), passando pelas edições de livros de prestígio, Smith aproveitou todos os meios ao seu alcance para divulgar o património barroco português.

Foi membro e colaborador de várias instituições culturais, das quais se destacam o Athenaeum of Philadelphia, a American Philosophical Society, o Winthertur Museum e a Hispanic Society of America. Em Portugal, e em cronologia bastante temporã, foi admitido na Academia Nacional de Belas Artes[8] e na Associação de Arqueólogos Portugueses[9].

Estado da arte sobre a Biblioteca Joanina de Coimbra

Quando Robert Smith começa a investigar sobre a história construtiva da Biblioteca, os seus encomendadores e mecenas, os artistas e as suas obras, parte de um conjunto de informações basilares, embora não desenvolvidas, sobre o tema específico que escolheu. Sobre a história da universidade existiam já várias e abrangentes publicações, que vai citando ao longo do seu texto. Igualmente,

---

[8] Proposto por José de Figueiredo como vogal correspondente no estrangeiro, foi eleito em 14 de julho de 1937, registado em ata nessa data e formalmente admitido em 12 de agosto de 1940. Academia Nacional de Belas-Artes, fichas de sócios.

[9] Data da ficha de admissão 23 de dezembro de 1937, sócio n.º 298, sócio correspondente. Associação dos Arqueólogos Portugueses, fichas de sócios.

sobre a arte da região de Coimbra, bebeu dos estudos pioneiros de Vergílio Correia e do padre Nogueira Gonçalves. A sua primeira grande preocupação, como sempre, foi a de recolher exaustivamente todo o material documental e os estudos dedicados ao tema que pretendia abordar. Para isso, contou com a ajuda preciosa dos seus amigos bem colocados e de outros, que através destes lhe foram apresentados. Depois dessa recolha inicial, trabalhou os documentos, transcrevendo-os e deles retirando as informações relevantes. Enquanto fazia fichas de trabalho da bibliografia que compilava, punha-se em campo para auscultar a possibilidade de publicação desta obra, que acalentava pelo menos desde 1969. Se na altura em que empreendeu essa missão, o seu trabalho ganhava sentido pela ausência de um estudo integrado sobre a história e a arte da Joanina, podemos perguntar-nos, se depois de quase cinquenta anos passados da sua morte e da interrupção do projeto, a edição deste trabalho resultante de cerca de seis anos de investigação intermitente ainda é relevante.

A resposta para nós não poderia deixar de ser positiva, e ela encontra-se cabalmente justificada nos textos que deixou inéditos, bem como no processo de trabalho que empreendeu e que a documentação acessória no seu espólio bem demonstra.

Depois da morte de Smith, em 1975, as suas disposições testamentárias tornam a Fundação Calouste Gulbenkian fiel depositária de todo o seu espólio profissional. Levadas a cabo as formalidades de recolha desse mesmo legado nos Estados Unidos, estes materiais mantiveram-se praticamente intocados até à grande exposição de 2000[10], que a Fundação então dedica ao professor e historiador de arte norte-americano. Nesse momento, um conjunto de especialistas de diversas áreas da história e história

---

[10] Cf. Jorge R. e Manuel C. (eds.) (2000) - *Robert C. Smith (1912-1975). A investigação em história de arte* (...).

da arte portuguesa e brasileira têm acesso aos documentos e redescobre-se o potencial daquele material, que Flávio Gonçalves e Helmut Wohl conheciam muito bem, por terem sido os enviados aos Estados Unidos com a função de acompanhamento do espólio até Portugal.

Com uma vida preenchida e multifacetada a nível profissional, quer nos Estados Unidos, quer no Brasil, em Portugal e em vários outros países da Europa, para onde viajava em trabalho, a exposição e catálogo de 2000 teve obrigatoriamente de circunscrever temas e materiais de trabalho. Os inéditos que Smith deixou foram identificados e alguns comentados e analisados. No entanto, apesar dessa consciência e da relevância dos mesmos, a exposição e catálogo de 2000 não tiveram continuidade, no que concerne à elaboração de projeto de estudo e de trabalho subsequente sobre a vida e obra do historiador norte-americano.

Apenas, em 2016, no prosseguimento dos nossos estudos de pós-doutoramento, tivemos acesso à documentação deste acervo. Encetámos uma abordagem sistemática, procurando manuscritos e fichas de trabalho, que pudessem colmatar ainda algumas questões relativas ao estudo da talha barroca portuguesa *in situ* ou deslocada. No âmbito desse trabalho, deparámo-nos com os documentos manuscritos e datilografados referentes ao projeto de edição sobre a Biblioteca Joanina de Coimbra. De imediato, compreendemos o alcance da investigação que ali se apresentava: a sistemática recolha de bibliografia e o trabalho arquivístico, os férreos e disciplinados esforços para encontrar as pessoas certas que o auxiliassem com matérias tão diversas como o acesso a esse mesmo material, aos latinistas que interpretassem as inscrições na Biblioteca, aos arquitetos no auxílio à reconstituição das plantas, não só da Biblioteca, mas de outros monumentos que com ela se afiliassem, caso do arquiteto Tasso de Sousa, que com ele colaborou várias vezes na elaboração de plantas e desenhos.

Se todo este trabalho sistemático e traduzido já em capítulos não bastasse, rapidamente compreendemos que o edifício da Biblioteca Joanina de Coimbra, o seu prospeto arquitetónico e decoração interior não tinha até agora conhecido um estudo abrangente da tipologia daquele que Smith lhe dedicou.

Nos últimos anos, a Joanina tem sido alvo de publicações várias, quase todas no âmbito da divulgação da sua história factual, da sua vasta e rica coleção bibliográfica, do convívio com as outras instituições da Universidade, do impacto que sofreu com a reforma pombalina dos Gerais, enfim com o seu lugar no panteão das bibliotecas mais ricas e belas do mundo. No seio destas publicações, mas também em registos autónomos, tem sido o historiador de arte António Filipe Pimentel que mais atenção tem dedicado à arte presente nos seus interiores. Partindo das informações já conhecidas e outras por si identificadas sobre os artistas e as suas prestações na Biblioteca, ao tempo da sua execução, este historiador destaca o contexto histórico e cultural da sua encomenda e produção, enfatizando, e bem, o ambiente áulico dos interiores da Joanina. Contextualizando o reinado de D. João V e o carácter tendencialmente internacional do mesmo, António Filipe Pimentel elaborou relevantes leituras atualizadas e em sintonia com uma mundividência que descola a Biblioteca Joanina de mero exemplo barroco de um pequeno país da Europa.

A leitura que este historiador de arte tem feito do significado da Biblioteca, enquanto mostruário e entronização de um modo de ser nação e de ser soberano (D. João V), àquela época, não esteve nos propósitos de Robert Smith. Essas análises mais finas e relacionais do espírito do tempo, em Portugal e nos países europeus com quem se comparava, não estavam nos seus horizontes imediatos. O seu método, que alguns classificam de positivista, olhava o objeto, embora com perfeita noção do seu contexto, como algo a decifrar em primeiro lugar pela observação e depois pela documentação apoiada nas fontes bibliográficas e arquivísticas. Não nos podemos esquecer que Robert Smith investigou e estudou, maioritariamente, monumentos e objetos de arte virgens de qualquer investigação precedente com caracter científico e sistemático. O seu ponto de partida foi frequentemente o quase zero.

O processo de investigação e de produção

O *modus operandi* de Robert Smith, no que à investigação e publicação dos seus trabalhos concerne, espelha-se plenamente em todo o processo de investigação que desenvolveu sobre a Biblioteca Joanina. Desde os contatos privilegiados com o diretor da Biblioteca, ao tempo, o professor Guilherme Braga da Cruz, com outros académicos como a vice-reitora professora Maria Helena da Rocha Pereira, com arquivistas como a Dra. Lígia Brandão, com editoras como a Livros Horizonte, com instituições como a Fundação Calouste Gulbenkian, nas pessoas do seu presidente e dos diretores de serviços, com destaque para o de Belas-Artes, até culminar nos colegas em Portugal e no estrangeiro, é um fluxo dinâmico que impõe e que a documentação do seu espólio ilumina.

Para além da documentação manuscrita e datilografada referente à história e arte da biblioteca, serão as cartas trocadas com inúmeras personalidades em Portugal e no estrangeiro, que mais nos contam sobre a origem deste projeto de estudo, suas linhas de investigação, sucessos e desalentos, avanços e recuos. De facto, as cartas trocadas entre Robert Smith e Flávio Gonçalves, Egídio Guimarães, Guilherme Braga da Cruz, Maria Helena da Rocha Pereira, Manuel Lopes de Almeida, Yves Bottineau, Germain Bazin e Nuno Tasso de Sousa permitem-nos a melhor compreensão do nascimento e evolução deste projeto, que Robert Smith acalentou até à sua morte.

O que nos conta a epistolografia: os bastidores de uma investigação

O processo de trabalho de Robert C. Smith, um historiador de arte estrangeiro, que é recebido formalmente em Portugal pela primeira vez como membro da delegação dos Estados Unidos a Portugal aquando da realização da Exposição do Mundo Português de 1940, apoiava-se muito na rede de contatos que foi estabelecendo e alargando ao longo dos anos que viajou para Portugal.

O produto final dos livros e artigos que publicou sobre arte portuguesa, em território nacional e estrangeiro, não deixam entrever os longos processos de investigação, as *démarches* que efetuava junto de académicos, dirigentes de museus, membros do governo, de instituições publicas e privadas, de famílias e amigos. Só através da leitura e análise da extensíssima epistolografia, que terá deixado espalhada por todos estes contatos, poderíamos ensaiar uma panorâmica mais aproximada do seu *modus operandi* e de como este foi basilar para as investigações que empreendeu, as palestras e cursos em que participou e a obra que publicou.

As cartas a que tivemos acesso, e que referem concretamente a sua investigação sobre a Biblioteca Joanina, nomeadamente, aquelas trocadas com o seu maior interlocutor e amigo, Flávio Gonçalves (Professor da Faculdade de Belas Artes do Porto), ou ainda com Alexandre Alves (diretor da Revista Beira-Alta), Egídio Guimarães (diretor da Biblioteca Pública de Braga, diretor da Revista Bracara Augusta), Nuno Tasso de Sousa[11] (arquiteto), Lígia Brandão (arqui-

---

[11] O arquiteto Nuno Tasso de Sousa começou a trabalhar com Robert C. Smith quando ainda era aluno da faculdade de arquitetura do Porto. Desta colaboração resultaram vários desenhos e plantas que o arquiteto executou para ilustrar várias publicações de Smith. Estes contatos e colaborações duraram até à morte do historiador de arte norte-americano, em 1975. Agradecemos ao arquiteto Nuno Tasso de Sousa a generosidade demonstrada na colaboração para a edição deste livro e de

vista da Biblioteca da Universidade de Coimbra), Guilherme Braga
da Cruz (diretor da Biblioteca da Universidade de Coimbra) ou Maria
Helena da Rocha Pereira (vice-reitora da Universidade de Coimbra),
revelam a face escondida de um longo e atribulado processo, que em
anos de maior investimento da sua parte, foram frenéticos e apaixo-
nados. A Biblioteca sem autor intrigava-o e o seu maior investimento
neste estudo incidiu precisamente na tentativa de a filiar. Como
se explicava que tal empreendimento monumental, de encomenda
régia, que durou cerca de 10 anos a completar, que movimentou
quantias consideráveis, meios técnicos, logísticos, trabalhadores de
vários ofícios, artistas, continuasse quase 250 anos passados da sua
construção, sem que a sua alma criadora fosse conhecida?

Seguindo um critério cronológico relativo às referências de Robert
Smith ao seu estudo sobre a Joanina, a primeira que nos surge é
mencionada numa carta escrita em Lisboa a Egídio Guimarães, datada de 7 de julho de 1969. Nela, depois de ter mencionado vários
projetos em que estava a trabalhar, refere que entregou os materiais
para a publicação do livro sobre Marceliano de Araújo[12] e destaca a
sua passagem por Coimbra com vista a dar início aos seus estudos
sobre a "Real Livraria"[13].

A missiva seguinte é bem mais assertiva e informativa, embora
escrita em estilo quase telegráfico. É dirigida a Flávio Gonçalves e
expedida de Coimbra, no dia 7 de janeiro de 1971:

"cheguei aqui às 11.15, ontem e fui logo recebido pela Sra.
D. Lígia Brandão a quem o Dr. Egídio telefonou. Não posso

outros projetos em torno da figura de Robert Smith, nomeadamente, a disponibili-
zação das cartas trocadas com Smith e as animadas conversas que tivemos no Porto.

[12] Smith, R. C. (1970) - *Marceliano de Araújo, escultor bracarense*. Nelita Editora.

[13] Carta de Robert Smith a Egídio Guimarães. *Espólio de Egídio Guimarães*. Todas
as referências à epistolografia trocada entre Egídio Guimarães e Robert C. Smith,
pertencentes ao seu espólio pessoal, foram-me gentilmente cedidas por Eduardo
Pires de Oliveira.

imaginar pessoa mais encantadora nem útil do que esta distinta conservadora que me mostrou tudo o que há sobre a Biblioteca da Universidade. Encontrámos um documento da maior importância, aparentemente inédito em que o pintor dos tectos António Simões Ribeiro descreve a sua obra (1724) e revela que o outro que veio com ele de Lisboa era só um dourador (...) fui muito bem recebido pelo Dr. Costa Ramalho[14] com quem almoço no dia 9, Lopes de Almeida[15], que amanhã me mostra certos documentos que ele tem, e Padre Avelino de Jesus Costa" [16].

A 18 do mesmo mês escreve novamente a Egídio Guimarães[17], colocando-o a par da visita a Coimbra e agradecendo-lhe o telefo-

---

[14] Smith refere-se a Américo da Costa Ramalho (1921-2013), que foi professor catedrático da Universidade de Coimbra, estudioso do helenismo, do humanismo e do latim, "Foi bolseiro do Instituto de Alta Cultura na Universidade de Oxford (1947-1949); deputado à Assembleia Nacional (1957-1959) (...) "Visiting Professor of Portuguese", na New York University (1959-1962). Entre 1975 e 1977 lecionou em várias universidades brasileiras, nomeadamente na Universidade Federal e na Universidade Estadual do Rio de Janeiro. Foi diretor interino da Faculdade de Letras de 21 de Janeiro de 1969 a 30 de Abril de 1969 e diretor efetivo a partir de 17 de Março de 1970 até 1974. Desempenhou ainda na Universidade os cargos de Diretor do Arquivo da Universidade de Coimbra (1973), Diretor do Instituto de Estudos Clássicos, Presidente do Centro de Estudos Clássicos e Humanísticos, Co-fundador e Presidente da Associação Portuguesa de Estudos Clássicos". Cf. Américo da Costa Ramalho. https://www.uc.pt/bguc/destaques/AmericoCostaRamalho.

[15] Manuel Lopes de Almeida (1900-1980) foi um político e académico vinculado ao Estado Novo. Em 1940 foi nomeado director-geral interino do Ensino Superior e Belas Artes e Secretário de Estado da Educação Nacional. Entre 1961 e 1962 foi ministro da Educação Nacional e foi ainda diretor da Biblioteca Geral de Coimbra de 1945 a 1970. Foi membro da Comissão Nacional do V Centenário da Morte do Infante D. Henrique e um dos responsáveis, a par de Idalino Ferreira da Costa Brochado e António Joaquim Dias Dinis pela edição da *Monumenta Henricina*. Cf. ALMEIDA, Manuel Lopes de. 1900-1980, professor universitário e político. https://archeevo.amap.pt/details?id=75273.

[16] Avelino Jesus da Costa (1908-2000) foi professor catedrático da Universidade de Coimbra, especialista em paleografia, epigrafia, arquivística e história eclesiástica do século XIII. Cf. Professor Doutor Cónego Avelino de Jesus da Costa (1908-2000) (2007). *Revista de História da Sociedade e da Cultura*. 6.
Carta de Smith a Flávio Gonçalves. BMRP. *Espólio Epistolográfico de Flávio Gonçalves*. Cartas de Robert C. Smith.

[17] Carta de Robert Smith a Egídio Guimarães. *Espólio de Egídio Guimarães.*

nema que ele fez e que lhe abriu as portas naquela cidade. Tanto a Universidade como o arquivo da mesma foram colocados à sua disposição, tendo conseguido ver toda a documentação conhecida da Biblioteca, referindo ainda que o Dr. Lopes de Almeida deixou-o copiar as suas transcrições. E acrescenta: "A vice-reitora D. Maria Helena da Rocha Pereira mostrou-me pessoalmente os aposentos dos reitores, onde encontrei um tecto pintado, o qual juntamente com um dos documentos da Biblioteca, totalmente inédito, vai ser um tesouro para o livro que quero dedicar a este edifício".

No dia 20 de março de 1971, Maria Helena da Rocha Pereira escreve a Robert Smith:

> "De acordo com o pedido de V. Ex.ª, envio em correio aparte cinco plantas da Biblioteca Joanina desta Universidade, para servir de base ao estudo que se propõe fazer, e pelo qual vivamente nos interessamos (...) Esteja V. Ex.ª certo de que teremos sempre o maior gosto em lhe fornecer os dados ao nosso alcance para a preparação dos seus estudos de arte portuguesa, e nomeadamente os que digam respeito à nossa Universidade (...)"[18].

Esta carta tem resposta logo a 9 de abril do mesmo ano. Smith agradece à vice-reitora o envio das plantas da Biblioteca Joanina e estende a sua pergunta e curiosidade ao brasão pintado na sacristia da igreja de Santo António dos Olivais, em Coimbra, espaço que colocava em paralelo artístico com alguns aspetos da Joanina:

> "Tenho o prazer de comunicar a V. Ex.ª que já recebi estes elementos, indispensáveis para o estudo que estou preparando da construção e autoria da biblioteca. Aguardo com o maior interesse qualquer informação que me poder (sic) fornecer a respeito da

---

[18] Fundação Calouste Gulbenkian (FCG). *Espólio de Robert C. Smith,* Cx. 1, doc. 19a.

possibilidade de identificar o brasão pintado no tecto da sacristia da igreja de Santo António dos Olivais, de Coimbra"[19].

O início do ano de 1971 foi de grande agitação para Smith no que se refere a investigação sobre a Biblioteca. Percebe-se que se encontrava embrenhado em compreender todos os pormenores da sua construção e decoração interior, que passava também, obrigatoriamente, pelas inscrições latinas que nela existem e naquelas apostas no portal principal da igreja do Senhor das Barrocas, em Aveiro, onde encontrava afinidades com a obra da Biblioteca. Escreve a Flávio Gonçalves:

"Vou, porém, pedir-lhe um favor em relação à folha que acompanha esta carta. Trata-se de umas inscrições latinas que traduzi com o auxílio de dois professores do seminário-maior. Quero saber (1) se o português está decente e (2) se seria possível dar-me a versão portuguesa das duas citações da Bíblia no fim da página, correspondentes à inscrição da portada da capela do Senhor das Barrocas, de Aveiro. Convém, pois devolver a mesma folha com as anotações que lhe peço.

A respeito desta capela, será que conhece qualquer publicação sobre ela pelo Dr. F. Ferreira Neves, que segundo o Inventário de Aveiro (zona sul), p. 146, contém as datas demarcadoras da obra? O Padre Nogueira Gonçalves não cita o título da publicação, embora publique as mesmas datas, louvando a indústria do autor. Como vê, estou trabalhando no problema da arquitectura da Biblioteca de Coimbra, animado por uma carta que me veio da vice-reitora, em que mostrou grande interesse no projecto de fazer uma monografia crítica do edifício[20]".

---

[19] FCG. *Espólio Robert C. Smith*. Cx. 1, doc. 19b.

[20] BMRP. *Espólio Epistolográfico de Flávio Gonçalves*. Cartas de Robert C. Smith, carta de 24 de abril de 1971.

A 10 de maio desse mesmo ano apressa-se a escrever a Flávio:

> "já não há necessidade de rever as atrozes traduções das
> palavras latinas da Biblioteca de Coimbra, porque, estando em
> Washington a semana passada, encontrei o livro Coimbra Antiga
> e Moderna de António Cardoso Borges de Figueiredo, no qual há
> excelentes versões portuguesas feitas pelo seu pai (...) mas espero
> sempre que seja possível dar-me as outras do Livro de S. Mateus
> citadas na minha carta"[21].

No espólio epistolográfico de Flávio Gonçalves encontra-se cópia
de uma carta que Smith escreveu a Avelino Jesus da Costa, prática
que era comum entre os dois, pois identificámos algumas cartas
escritas por Smith a outras personalidades, de que enviou cópia a
Flávio. Data de 10 de julho de 1971 e refere:

> "lembrando-me do prazer que tive na nossa visita de Janeiro
> passado em Coimbra, tenho pena de não poder voltar durante este
> verão para terminar as pesquisas que estou realizando acerca do
> edifício da Biblioteca da Universidade. A razão é que resolvi de-
> dicar este período de férias à revisão do texto de um livro sobre
> o mobiliário europeu a ser publicado em Londres"[22].

Esta é a primeira indicação que conhecemos, na qual o historiador
norte-americano admite que outros trabalhos com que se tinha com-
prometido formalmente, neste caso com a editora britânica Phaidon
para escrever um livro sobre mobiliário europeu, podiam obstar ao
prosseguimento imediato das suas pesquisas em torno da Biblioteca
Joanina. Depois do grande investimento feito no primeiro semestre

---

21 *Idem.*

22 *Idem.*

desse ano, em que contatou com diversas pessoas para o ajudarem com a pesquisa, por alturas de julho começa a desenhar-se outra situação, que é reforçada na carta que escreve ao professor Manuel Lopes de Almeida, logo a 12 de julho. Nesta missiva, transmite ao académico que está a trabalhar num livro sobre púlpitos portugueses, na esteira do que já tinha feito para os cadeirais[23] e diz:

> "actualmente aquela investigação e também o meu trabalho sobre o edifício da Biblioteca estão suspensos enquanto eu não acabar um livro acerca do móvel europeu, que estou preparando para a Casa Editora Phaidon, de Londres. Como a tarefa é grande, com 800 estampas, foi preciso dedicar-lhe o verão inteiro e quantos mais meses serão necessários não sei ainda. Tive pena, porém, em não voltar a Coimbra, onde em Janeiro tive o grande prazer em conversar com o meu ilustre Amigo e Colega, que tanto e tão amavelmente me ajudou"[24].

Smith, efetivamente, não regressa a Portugal em 1971 e, em novembro desse mesmo ano, desabafa com Flávio o seu desalento com o país, personificado nas suas instituições[25]. Queixa-se, nessa e em outras cartas, da morosidade, da burocracia, da falta de organização e cooperação, enfim, dos entraves ao seu trabalho. As publicações que tinha no prelo não avançavam, nomeadamente, a obra em que mais investiu e que considerava a sua melhor, o livro dedicado a Frei José de Santo António Ferreira Vilaça, o escultor beneditino. Vicissitudes várias, entre elas as demoras e desvios das provas que enviava para Portugal e que lhe reenviavam para

---

[23] Smith, R. C. (1968). *Cadeirais de Portugal*. Livros Horizonte.

[24] BMRP. *Espólio Epistolográfico de Flávio Gonçalves*. Cartas de Robert C. Smith. Cópia de carta de Smith ao professor Manuel Lopes de Almeida, 12 de julho de 1971.

[25] *Idem,* 21 de novembro de 1971.

os Estados Unidos, o longo tempo que esperou pelo prefácio de Azeredo Perdigão, mais de um ano, exasperavam o historiador e retiravam-lhe a vontade de voltar a trabalhar em Portugal. Nesse inverno tudo o assombrava...

O ano de 1972 abre novas perspetivas para o seu trabalho e são várias as cartas em que referenciamos as múltiplas atividades, que o embrenhavam na conclusão de antigos projetos e na avalanche de novos que queria abraçar. Conta a Egídio Guimarães, a 9 de maio desse ano, que uma primeira versão do seu "novo estudo beneditino, desta vez sobre Nossa Senhora da Estrela, de Lisboa e o convento de Cabanas está quase acabado[26] (...) em seguida refere:

> "(...) A respeito dos dois livros bracarenses, que estão com os Livros Horizonte, estou bastante desanimado. Quanto a *Frei José de Santo António* passei meses, como sabe, na luta dos índices e do prefácio. Tudo estava pronto em meados do inverno, o editor prometeu a publicação antes da Páscoa. Mas nada aconteceu nem ele responde às minhas cartas (...) Aguardo desde o verão passado as segundas provas de *André Soares* (...) Talvez tivesse mais resultados se fosse lá pessoalmente, mas com a queda da nossa moeda nem posso considerar a ideia de viajar (...)"[27].

A 5 de junho torna a escrever-lhe, agora sobre assuntos relacionados com o grande congresso de homenagem a André Soares, que se preparava[28], e sobre o pedido da Câmara Municipal do

---

[26] Cf. Smith, R.C. (1972). Dois Estudos Beneditinos. *Boletim da Academia Nacional de Belas-Artes*. 27, 69-101.

[27] Carta de Smith a Egídio Guimarães. *Espólio Egídio Guimarães*.

[28] Congresso de homenagem a André Soares, que teve lugar em Braga e no Porto entre os dias 6 e 11 de abril de 1973 e em que Robert Smith participou com funções de relevo, como a de Presidente do mesmo, palestrante e orientador de vistas guiadas a monumentos das duas cidades. Vejam-se as atas do mesmo evento: A arte em Portugal no século XVIII. (1973-1974). *Bracara Augusta*, XVII e XVIII.

Porto para fazer um livro de divulgação sobre Nicolau Nasoni, do qual se comemoravam os 200 anos da sua morte, sumarizando os dados do livro que tinha publicado em 1967[29]. Refere ainda, que o número da Revista *Apollo,* dedicada à arte portuguesa do século XVIII,[30] deveria sair pouco antes do congresso, pois o seu editor Dennis Sutton assim lho garantiu. No mês seguinte, escreve de novo a Egídio Guimarães a avisá-lo do envio do original e fotografias do seu novo estudo sobre a sacristia da sé de Braga e que irá ocupar-se da redação do pequeno livro sobre Nasoni. Refere que continua também com diligências para que saia o seu livro sobre o Aleijadinho em Congonhas do Campo[31]. Uma boa ocasião para o seu lançamento seria na "grande exposição de arte barroca brasileira, em Washington, no mês de Novembro... pois estas são as minhas últimas notícias. Não lhe falo nas atividades "nacionais" que continuam aumentadas. Tenho uma vida muito cheia e espero que a saúde continue a aguentá-la!"[32]. O livro sobre Congonhas do Campo chega-lhe às mãos em agosto de 1972, conforme refere a Egídio, em carta de 14 desse mês. Smith regressa a Portugal nesse ano, em outubro, para ultimar os preparativos para o congresso de homenagem a André Soares.

Em 1973 retoma as diligências para a continuidade da sua pesquisa sobre a Biblioteca Joanina.

No meio de outras cartas pertencentes ao conjunto da correspondência de Smith com o estrangeiro encontrou-se uma dirigida a Yves Bottineau (1925-2008)[33] datada de 15 de maio de 1973. Nesta

---

[29] Smith, R. C. (1966) - *Nicolau Nasoni, Arquitecto do Porto*. Livros Horizonte.

[30] *Apollo*. (1973) XCVII, 13.

[31] Smith, R.C. (1973) - *Congonhas do Campo*. Agir.

[32] Carta para Egídio Guimarães. *Espólio de Egídio Guimarães*.

[33] Historiador de arte francês, especializou-se na arte portuguesa e espanhola dos séculos XVII e XVIII. Foi professor na Universidade Paris Ouest Nanterre La Défense, tendo sido mais tarde nomeado conservador do departamento de objetos

missiva, Smith pede a Bottineau cópias de gravuras raras de Jean Berain pertencentes à Biblioteca Nacional de Paris. Estava particularmente interessado em desenhos do tardoz de um coche. Bottineau apressou-se a contactar o director da Biblioteca Nacional de Paris, que lhe respondeu não existir nenhuma gravura nessa biblioteca que se assemelhasse ao que Robert C. Smith procurava e que se intitulava: "Deriere du Premier Carosse doré". Adiantou que essas gravuras tinham sido publicadas por A. Guérinet e R.A. Weigert e dedicadas a Jean Berain (1937), mas que estavam mal atribuídas. Sugere-lhe que procure na Biblioteca da École Nationale des Beaux Arts[34].

Reconhece-se no espólio de Robert C. Smith anotações diversas que se referem a livros de ornamentação dos séculos XVII e XVIII, na sua maioria da autoria de ornamentistas franceses[35], tais como: *Ornatos- cahier de príncipes d´ornements dessinés par caillot et graves par Lucien*; *Premier livre de Trophées contenant divers atributtes d´église* de J.C. de la Fosse; *Expressions des Passions de L´ame representées en plusiers testes gravées aprés les dessins de feu de Monsieur le Brun* e *Les proportions du corps humain- mesurées sur les plus belles figures de l´antiquité* by Girard Audrass.

Através da leitura das suas cartas e anotações, compreendemos que o tema das influências externas na conceção do programa decorativo da Biblioteca Joanina foi um dos mais relevantes tópicos do seu estudo, embora no seu texto, nomeadamente, no capítulo II, tal não seja completamente percetível.

Voltando à sua correspondência com os colegas em Portugal, Maria Helena da Rocha Pereira, em carta datada de 25 de janeiro desse ano, respondendo a outra de Smith, refere que:

---

de arte do Museu do Louvre. Foi inspetor geral dos museus e, em 1986, foi-lhe atribuído o cargo de conservador chefe de Versailles e dos Trianons.

[34] FCG. *espólio de Robert C. Smith*, Cx., 8, capilha "França".

[35] *Idem*. Cx. 47.

"tenho o maior prazer em colaborar com V.ª Ex.ª no Congresso de Braga[36], onde espero que teremos ocasião de conversar sobre tantos dos assuntos que os seus magníficos estudos têm revelado e esclarecido.

Logo que recebi a sua carta, transmiti o pedido ao Exmo. Director da Biblioteca Geral da Universidade, o meu prezado Colega e Amigo Sr. Prof. G. Braga da Cruz.

Mando-lhe as indicações tal como ele mas enviou, pois podem ser-lhe úteis. Entretanto, e de acordo com as suas instruções, escrevi directamente ao Sr. Anthony Sutton, a fornecer-lhe os dados sobre as medidas do retrato de D. João V"[37].

Depois do congresso, na primavera, Smith viaja por Portugal, passando por Aveiro, Coimbra, Torres Vedras, Sintra e Setúbal, "para realizar pesquisas e tirar fotografias para futuros livros"[38].

Nessa ocasião escreve a Flávio Gonçalves, desde o Hotel Flórida em Lisboa, onde costumava ficar alojado na cidade.

"No domingo passado, em Aveiro, tive a sorte de encontrar aberta a Igreja do Senhor das Barrocas, e lá consegui, com o *agrément* de um irmão, trabalhar sozinho durante horas.

No dia seguinte (...) trabalhei todo o dia na Biblioteca Joanina, tirando inúmeras fotografias. Na terça encontrei o Doutor César Pegado, que pôs à minha disposição uma quantidade de livros que queria consultar, através dos quais formei um "plan de guerre" para o arquivo. Ali fui feliz, porque no livro de receita e despesa, achei um mundo inédito de informações sobre as obras da Universidade

---

[36] O Congresso de Braga a que Maria Helena da Rocha Pereira se refere é aquele acima mencionado, de homenagem a André Soares.

[37] FCG., *Espólio Robert C. Smith*, Cx. 1.

[38] BMRP. *Espólio Epistolográfico de Flávio Gonçalves*. Cartas de Robert C. Smith.

no reinado de D. João V. Basta aqui dizer que sei quem fez a bela pintura do tecto da capela da reitoria, quanto preço etc. quem fez o acrescentamento ao retrato de D. João V em 1724, as cores primitivas do interior da Biblioteca e muito mais (...) Dos arquivos da Direção dos Monumentos Nacionais consegui as datas das obras da reforma do exterior do mesmo edifício assim como uma preciosa fotografia antiga da primitiva fachada e uma prova para o Nuno Tasso de Sousa, que vai fazer um alçado completo do flanco (...)[39].

Em meados do ano de 1973 Smith estava embrenhado nas questões levantadas pelo edifício da Biblioteca, desta feita pelas alterações efetuadas no seu exterior, datáveis de 1943. Em carta de 2 de julho de 1973, escrita desde a sua quinta em Glenmore, na Pensilvânia, ao arquiteto Nuno Tasso de Sousa, refere que esteve em Coimbra e que teve sorte "nas pesquisas acerca do interior da Biblioteca, tendo encontrado novidades importantes sobre o retrato de D. João V, pinturas das salas, etc. Mas continua ainda o enigma das pilastras ou cunhais do exterior"[40]. Pela relevância do conteúdo transcrevem-se trechos alargados desta missiva:

"Conversando em Coimbra com os arquitectos dos Monumentos Nacionais, constatei que aquelas de pedra [pilastras] que se encontram na fachada leste (principal) e sul foram introduzidas pelas Obras Públicas em 1943 e anos imediatamente seguintes. Apareceu até uma fotografia daquela época mostrando as paredes, antes das obras, sem pilastras na zona superior, que corresponde às três grandiosas salas de leitura. Desta fotografia deu-me, com muita amabilidade, uma prova o Arq. José Amoroso Lopes Júnior, que ficou para oferecer outra ao meu amigo.

---

[39] *Idem*. Carta de 29 de abril de 1973.

[40] Arquivo pessoal do arquiteto Nuno Tasso de Sousa. *Cartas de Robert C. Smith.*

Nesta curiosa fotografia, vêm-se juntamente com as quatro tarjas laterais e outros pormenores subsequentemente perdidos, as paredes sem pilastras e as janelas sem os enquadramentos de pedra que lhes foram dados em 1943, enquanto as janelas das fachadas oeste e norte ficaram como mostra a minha fotografia em referência a estas, inteiramente sem enquadramentos. Há duas superfícies lisas concêntricas, dum estilo que lembra, como disse muito bem o meu Amigo, o de Sir John Soane e o classicismo do início do século XIX. Não vejo em todo Setecentos edifício algum português com aberturas sem enquadramentos de pedra nem pilastras angulares, de modo que estes devem ser de Oitocentos, como as janelas do último andar do Teatro Nacional de D. Maria II, em Lisboa, mais ou menos do mesmo feitio. Será que foram todas modificadas naquela época juntamente com as próprias paredes, nalguma tentativa de modernização? Mas onde encontrar a respectiva documentação? Percorri sem resultado todas as publicações sobre a Biblioteca de Coimbra, algumas muito extensivas. É possível que haja qualquer referência nunca citada nos livros de receita e despesa. Estes existem e vou consultá-los, quando voltar em Novembro, mas a leitura será demoradíssima, pois não tenho ideia certa a respeito da data desta possível modificação".

Compreendemos, assim, que o edifício da Biblioteca tinha sido alterado na sua aparência exterior em meados do século XX, suprimindo-se elementos arquitetónicos e, em alguns casos, substituindo-os por outros. A perplexidade de Robert Smith em relação a algumas escolhas compositivas do exterior do edifício desfila nesta carta, que é essencial para um melhor entendimento da profundidade da sua investigação sobre o edifício, os métodos usados nesse processo e mais relevante, a constatação de intervenções significativas no modelo do edificado.

A carta continua levantando questões acerca destas escolhas de alteração da fachada e alçados da Biblioteca. Smith coloca a hipótese de estas alterações efetuadas pelos arquitetos dos Monumentos Nacionais em 1943 poderem ter sido parcialmente inspiradas pela planta pombalina de 1772, na qual se previa uma ampliação da Biblioteca.

"No arquivo da Biblioteca existe uma planta que fotografei. Depois mandei o negativo para a Casa Alvão do Porto, pedindo que se enviasse uma ampliação para si. Esta planta é curiosa e também muito útil. Data de 1772, quando o marquês de Pombal, estando em Coimbra, resolveu destruir a actual capela da Universidade para fazer outra paralela com a Biblioteca Joanina, a qual seria reproduzida do outro lado (norte) da nova capela, dando assim mais espaço para livros. Segundo esta planta e um desenho que a acompanha a entrada das duas bibliotecas seria através da portada da capela. Ora bem, a planta de 1772, nunca, está claro, executada é-nos útil por várias razões. Em primeiro lugar, parece indicar nas fachadas a presença de pilastras, que correspondem mais ou menos às que foram postas em 1943. Em segundo lugar, mostra a posição das seis grandiosas mesas distribuídas entre as três salas de leitura. Não seria, portanto, possível utilizar esta planta de 1772 para a planta que vai fazer para o meu livro, lembrando-se, está certo, do facto de a portada faltar, tendo sido suprimida pelo arquitecto do marquês, em obediência à nova fórmula tríplice pombalina?

Quanto ao alçado lateral da Biblioteca, que o Senhor ficou para preparar também, acho que não deve haver problema com os três andares inferiores. No último convém continuar as pilastras que figuram em baixo, mantendo as belas tarjas de pedra, os completos e as "prateleiras" com os seus socos visíveis na fotografia tirada antes das obras de 1943. Seriam retiradas as seis janelinhas rectangulares com seus simples enquadramentos de pedra, outra prova talvez de as grandes frestas por cima terem sido também orladas de pedra na sua forma primitiva".

Com esta longa carta, que é também um palco de discussão sobre as alterações efetuadas ao exterior da Biblioteca, e como se poderia elaborar a planta do edifício na atualidade, compreendemos que Robert Smith desejava que o arquiteto Tasso de Sousa lhe elaborasse uma planta do edifício e os desenhos dos seus alçados, o mais aproximada possível daquela que ele suspeitava ser a original, antes da intervenção de 1943, ainda visível nas fotografias que menciona anteriores às obras dos Monumentos Nacionais. Termina a carta para o "seu" arquiteto, dizendo:

> "Espero que quando tiver o tempo e a inclinação, me faça saber as suas ideias sobre estes problemas complicados. Estou animado a respeito deste livro, depois de ter conversado com o editor em Lisboa [Rogério Moura, dos Livros Horizonte] e o director da Biblioteca em Coimbra, mas tudo depende da planta e do desenho que só o Senhor pode executar..."

No mesmo mês de julho, no dia 18, referencia-se carta de Guilherme Braga da Cruz, que de Coimbra escreve a Robert Smith nestes termos:

> "Meu prezado colega e amigo Prof. Robert Smith
> (...) Estamos todos em expectativa com o seu projectado livro sobre a Biblioteca Joanina. Deus lhe dê ânimo, vida e saúde para levar essa e outras obras a bom termo (...).
> Aceite um afectuoso abraço do seu colega, admirador e amigo muito grato"[41].

A investigação de Robert Smith dedicada à biblioteca magna de Coimbra fazia eco entre os dirigentes da Universidade,

---

[41] FCG. *Espólio Robert C. Smith*. Cx.1, doc. 18b.

nomeadamente, o diretor da Biblioteca Geral (1971-1977), o referido professor Guilherme Braga da Cruz, a vice-reitora, professora Maria Helena da Rocha Pereira, o cónego Avelino Jesus da Costa e Manuel Lopes de Almeida, entre outros intelectuais de Coimbra e académicos.

A 30 de agosto de 1973, o historiador de arte norte americano escreve novamente a Egídio Guimarães, dando conta da finalização do seu livro sobre Nicolau Nasoni[42], do artigo sobre o papel do pintor Manuel da Silva na biblioteca de Coimbra[43], que foi enviado e recebido por quem dirigia o suplemento literário do Comércio do Porto, assim como da biografia do ebanista Quervelle[44]. Pensa vir a Portugal em novembro para trabalhar num novo projeto, enquanto bolseiro da Fundação Calouste Gulbenkian, com vista à edição de uma monografia, que mais tarde intitulou "Miscelânea de Estudos de Arte e História Social dos séculos XVIII e XIX em Portugal", "entretanto, porém, tenho de acabar o livro de Agostinho Marques (...)". Uma nova missiva enviada em outubro informa que vai ter de adiar a vinda a Portugal, pois está embrenhado no livro de Agostinho Marques "que resultou muito maior do que tinha pensado. A verdade é que resolvi entrar na questão do ofício de ensamblador em Portugal e no Brasil (...)"[45].

O seu regresso a Portugal acontece em inícios de 1974 e, nesse ano, o seu interlocutor preferido é Egídio Guimarães. Escreve-lhe várias cartas, estando em Portugal e nos Estados Unidos: "encontro-me numa situação verdadeiramente penosa, porque parece

---

[42] O livro resumo encomendado pela Câmara Municipal do Porto para celebrar os 200 anos da morte de Nasoni.

[43] Smith, R. C. 1973). O pintor Manuel da Silva na Universidade de Coimbra. *O Comércio do. Porto.* 291, 23 de outubro.

[44] Série de 5 artigos sobre o mobiliário de Anthony Quervelle, intitulados: The furniture of Anthony G. Quervelle, publicados na revista *Antiques.* Parte I: maio de 1973, vol. 103, n° 5; parte II: julho de 1973, vol. 104, n° 1; Parte III: agosto de 1973, vol. 104, n° 2; parte IV: janeiro de 1974, vol. 105, n° 1; parte V: março de 1974, vol. 105, n° 3.

[45] Carta de 29 de outubro a Egídio Guimarães. *Espólio de Egídio Guimarães.*

que vou ter de abandonar todo o meu trabalho aqui talvez permanentemente (...) estou gravemente doente com uma enfermidade esquisita, que parece ser reumatismo gotoso". No dia 3 de março despede-se do amigo, dizendo que parte para os EUA por conta de uma complicação cardíaca, mas logo de seguida no dia 11 do mesmo mês, em carta entusiasta, refere que está melhor e a trabalhar no material que recolheu, "as muitas notas e fotografias feitas durante os últimos dois meses". Realça o trabalho sobre Agostinho Marques, a procura por novo editor e a nova informação que reuniu[46]. Percebe-se que a jornada que fez em Portugal no início do ano lhe facultou

> "grande remessa de fotografias tiradas por mim durante a minha última visita, que garantem a publicação, na Bracara Augusta de vários estudos meus, inclusive um sobre os azulejos da Casa dos Biscainhos. Tenho também toda a documentação fotográfica para o artigo destinado a Belas Artes, sobre as grades de Tibães e a sua prole beneditina. (...) logo comecei a trabalhar com problemas da nossa arte, de modo que já tenho um artigo escrito e aprovado pelo director duma revista de Nova Iorque".

Este é também o ano da reafirmação de que os académicos em Coimbra continuavam a apoiar o seu trabalho e a relembrá-lo, quer do seu apoio incondicional, quer da relevância que reconheciam às pesquisas que levava a cabo. A obra sobre a Biblioteca Joanina era desejada em Coimbra:

> "Tive grande satisfação também em saber que um dos trabalhos que pensa prosseguir, nesta fase de relativo descanso, é o que respeita à nossa Biblioteca. Escuso de lhe dizer que tudo o que possa

---

[46] Carta de 8 de abril de 1974. *Idem*.

necessitar aqui de Coimbra e desta sua casa que é a Biblioteca Geral da Universidade será para nós um prazer servi-lo (...)"[47].

Mas, Smith tinha em mãos um compromisso que não podia adiar mais, por motivos de obrigação contratual: a escrita do livro dedicado ao mobiliário europeu, que a editora londrina Phaidon, lhe tinha encomendado. Para além dos compromissos emergentes com a escrita, a sua vida nos Estados Unidos continuava repleta de afazeres e de solicitações. Reformado por invalidez da Universidade da Pensilvânia, na qual desempenhou funções de docente até 1972, as perspetivas de maior liberdade para continuar a dedicar-se aos seus estudos de arte portuguesa do Barroco animavam-no por vezes até à euforia. Outras vezes, reconhecemos um Robert Smith desalentado e frustrado com Portugal, um país que, segundo ele, teimava nas respostas lentas, ou mesmo ausentes, às suas solicitações, quer fossem de edição de obras suas, quer fossem de agilização de mecanismos burocráticos, que delongavam as esperas na resposta à concretização de projetos e ideias que apresentava às diferentes tutelas de cultura e património, editoras e entidades privadas.
Entre os muitos achaques de saúde que referenciamos em cartas trocadas com alguns dos seus melhores amigos em Portugal, con-tam-se as crises cardíacas, a gota e a grande dificuldade motora, que por vezes sentia quando empreendia jornadas mais cansativas. Queixou-se sobretudo da estadia na cidade de Coimbra, quando lá esteve dedicado ao estudo da Joanina, em início de 1974. A orografia da cidade não lhe era benéfica, com tantas subidas e descidas, como confessa a Egídio Guimarães, em março de 1974, referindo mesmo que foi obrigado a suspender o seu trabalho por meses[48].

---

[47] FCG. *Espólio Robert C. Smith*. Cx. 1, 24 março de 1974.

[48] Carta a Egídio Guimarães de 3 de março de 1974. FCG. *espólio de Robert C. Smith*. Cx. 1.

No entanto, é um Robert Smith animado e disposto a completar o livro sobre a Biblioteca, que se revela em carta ao arquiteto Nuno Tasso de Sousa, escrita desde a sua quinta em Glenmore na Pensilvânia, a 27 de maio de 1974:

> "fiquei encantado com a planta da Biblioteca Joanina de Coimbra, muitos aspectos de cuja história ficam ainda escuros apesar de todos os meus esforços realizados in situ. Resolvi, portanto, fazer o livro sem poder oferecer todas as explicações desejáveis. Pretendo dedicar o verão a esta tarefa, que espero ver em grande parte terminada quando, se tudo correr bem, voltar a Portugal em Outubro (...)"[49].

Será, somente, em agosto de 1974, através de carta dirigida a Egídio Guimarães, que conseguimos vislumbrar pela primeira vez o progresso do livro que dedicava à Joanina. Nela, diz estar inteiramente dedicado ao novo livro, que o preocupa há anos, e que foi através do projeto deste livro que se pôs em contacto com vários arquivistas de Coimbra, com os melhores resultados. Estava pronto o capítulo sobre a história da construção, em que surge pela primeira vez a figura do mestre das obras Gaspar Ferreira, nas suas palavras, "l'homme à tout faire de l'Université". Revela que irá dar mais atenção à figura que, na sua opinião, foi responsável pela maior parte do desenho do edifício, Claude de Laprade e, nesse sentido, pede ajuda para aceder às provas da comunicação de Ayres de Carvalho sobre Claude de Laprade no congresso de homenagem a André Soares, pois as atas estavam no prelo, indicando que irá escrever a Francisco Pereira de Bacelar Ferreira[50] sobre este mesmo assunto[51].

---

[49] Arquivo pessoal do arquiteto Nuno Tasso de Sousa. *Cartas de Robert C. Smith.*

[50] Um dos diretores da Revista *Bracara Augusta.*

[51] Carta de 19 de agosto a Egídio Guimarães. *Espólio de Egídio Guimarães.*

Continua a escrever a Egídio Guimarães nos últimos meses de 1974. Em setembro, confessa que teve de abandonar o projeto da viagem a Portugal por compromissos de trabalho com a Editora Phaidon, em Londres. Refere que o livro lhe foi encomendado em 1969 e que os editores o estão a pressionar: "vai levar meses e meses mas talvez com a primavera possa ver-me livre desta grande responsabilidade"[52]. Em vésperas de Natal, a 23 de dezembro escreve de novo ao amigo:

> "sinto um grande desejo de renovar os meus estudos portugueses, suspensos há meses por causa do outro projecto que me tem levado tanto tempo.
>
> Quero buscar em Évora e em Estremoz certos azulejos de que preciso, analisar os da Casa Anadia, em Mangualde, rever monumentos da talha nortenha atribuíveis ao meu grande Gabriel Rodrigues Álvares, e finalmente, se me for permitido, receber, em Braga, a cobiçada Medalha da Cidade, concedida já há quase dois anos"[53].

Smith tinha outra paixão no horizonte, o estudo mais aprofundado da azulejaria barroca[54]. Com o desaparecimento do grande estudioso da azulejaria portuguesa, o engenheiro João Miguel dos Santos Simões (1907-1972), Smith sentia-se mais à vontade para ingressar nesse mundo que sempre o apaixonou e que ligava intrinsecamente aos estudos que desenvolvia sobre a arte da talha portuguesa.

---

[52] Carta de 1 de setembro de 1974 para Egídio Guimarães. *Idem*.

[53] Carta de 23 de dezembro de 1974 para Egídio Guimarães. *Idem*.

[54] O tema da azulejaria tinha estado sempre latente nos seus estudos, veja-se, por exemplo: Smith, R.C. (1966). A new museum of tiles in Lisbon. *Antiques*. 98,6, 828-833; *Idem*. (1968). Azulejos of Cascais. *The Journal of the American Portuguese Cultural Society*. II, 4, 1-15; *Idem*. (1968). Ceramics: the Tiles. *The Art of Portugal: 1500-1800* (pp. 229-236). Weidenfeld and Nicolson; *Idem* (1970). Três Estudos Bracarenses. *Belas Artes*. 2.ª série, 24-26, 49-83; *Idem*. (1973). French Models for Portuguese Tiles. *Apollo*. 97, 134, 396-407; *Idem* (1975). Some Lisbon Tiles in Estremoz. *The Journal of the American Portuguese Cultural Society*. IX, 2, 1-17.

Nas tímidas incursões que fez naquele campo, sempre se reportou aos estudos de Santos Simões, reconhecendo naquele historiador a excelência do método de estudo e o conhecimento profundo do tema. Era natural, que em vida de Santos Simões, Smith guardasse uma reverência e algum pudor em arriscar-se pelo território do mestre.

Entre fevereiro e março de 1975 Smith visita Portugal. Passa por Braga, Viseu e Mangualde, Coimbra e Évora, escrevendo cartas a Egídio Guimarães, desde Lisboa, Coimbra e Évora. Nestas revela: "Estou aqui por pouco tempo sendo a principal finalidade desta visita trabalhar em Coimbra onde estarei no Hotel Bragança a partir de 3 de março"[55]. No seu último ano de vida realiza pesquisas intensas em Coimbra, e é disso mesmo que continua a falar ao amigo de Braga. Diz ter tido imenso prazer na visita a Braga, feita na véspera "de uma série de descobertas no arquivo da Universidade de Coimbra"[56], que irão enriquecer em muito os dois livros em que se encontra a trabalhar. Refere estadias em Viseu e Mangualde e a viagem a Estremoz com objetivo de fotografar azulejos. Embarca no dia 29 de março para os Estados Unidos, para passar a Páscoa em casa, e planeia uma nova visita a Portugal, em novembro desse ano.

Em abril torna a escrever a Egídio Guimarães, lamentando que a série de conferências que está a realizar em Atlanta (de acordo com brochura que anexa) não lhe permita dar seguimento aos seus novos trabalhos, apenas possíveis pelo grande êxito das suas pesquisas em Coimbra.

De entre "as coisas maravilhosas" encontradas, sob a tutela da Dr.ª Lígia, está "a data da morte de Manuel da Silva, o pintor das estantes da Real Livraria, todas as datas de Gaspar Ferreira, imensas informações sobre o azulejo em Coimbra, seus pintores e tendas, e muitas outras coisas". O sucesso da campanha fotográfica

---

[55] Carta de 26 de março de 1975. *Espólio de Egídio Guimarães.*
[56] *Idem.*

deu-lhe muito material para publicar. Diz ainda, que depois da sua saída de Coimbra, o seu trabalho sobre azulejaria continuou a ser bem-sucedido[57].

A partir de abril de 1975, a arquivista da Biblioteca da Universidade de Coimbra, Lígia Brandão, inicia uma série de remessas de documentos e plantas fotocopiados. Logo a 18 desse mês, escreve-lhe dando conta de ter encontrado o recibo assinado por Frei Cipriano da Cruz, autor da imagem de Santa Catarina, existente na capela da Universidade de Coimbra. Refere que envia fotocópia, que efetivamente se encontra anexada à carta, bem como a sua transcrição[58]. A essa mesma carta junta ainda outros documentos referentes a obras de artistas que trabalharam para a Universidade e o seu padroado nos séculos XVII e XVIII. Ourives, entalhadores, escultores, pintores, oleiros, marceneiros, latoeiros, douradores, desfilam em transcrições sucintas de obras.

Datam de julho de 1975, as duas últimas cartas conhecidas que a referida arquivista remete para Smith, uma no dia 23 e a outra no dia 31[59]. Em ambas se trocam informações relativas a pedidos dele, recheadas com fotocópias de vários documentos, quer referentes ao arquiteto Macamboa, entre elas uma planta aguarelada para uma das igrejas do padroado da Universidade, bem assim como mais documentos referentes à Biblioteca Joanina. A arquivista diz-lhe que está convencida que em novembro ele fará grandes descobertas no arquivo daquela instituição. A última missiva, de 31 de julho de 1975, realça a excelente ideia do historiador de arte norte-americano quanto ao estudo do ambiente coimbrão, tal como fez no livro de Fr. José de Santo António Vilaça, em Braga.

---

[57] Carta de 18 de abril de 1975 a Egídio Guimarães. *Espólio de Egídio Guimarães*

[58] FCG. *Espólio Robert C. Smith*. Cx. 1, doc. 14a.

[59] FCG. *Espólio Robert C. Smith*. Cx. 1 doc. 14a.

No penúltimo mês da sua vida, em julho de 1975 continuava entusiasmado com o projeto do livro da Joanina, como se pode ler em carta a Flávio Gonçalves:

> "Tive uma grande sorte. Convidado pela Universidade de Yale para fazer um discurso sobre assunto nacional, tive a oportunidade de localizar, numa das bibliotecas de lá, as preciosas gravuras de Salomon Kleiner da Universidade, digo Biblioteca Imperial de Viena, que datam de 1735[60]. Vi logo que havia uma nítida relação com as gravuras bem anteriores de Paulus Decker de Nuremberga para palácios de príncipes, o que nunca foi indicado. Com fotografias destas duas séries de gravuras vai ser possível estabelecer a grande originalidade da biblioteca portuguesa e ao mesmo tempo os elementos que tem em comum com as gravuras. Estou no momento lentamente incorporando, no meu capítulo da história do edifício, as muitas notícias importantes que colhi durante as felizes semanas que passei em Março na cidade universitária"[61].

No dia 18 de agosto de 1975, três dias antes da sua morte, escreve uma carta premonitória ao seu amigo Flávio Gonçalves:

> "(...) Falando em clichés (no sentido fotográfico) tenho o maior prazer em pôr à sua disposição todos os que tenho em qualquer ramo de expressão artística portuguesa. Mas mande já já a sua lista, para que, ao chegar, me ache ainda vivo. Estamos no aniversário da morte do meu pai com a mesma idade que agora eu tenho (e também a mesma doença que o matou) (...) Acabo

---

[60] A visualização de várias gravuras de Salomon Kleiner está disponível em: https://www.gettyimages.com.br/fotos/salomon-kleiner.

[61] BMRP, *Espólio Epistolográfico de Flávio Gonçalves. Cartas de Robert C. Smith*, 23 de julho de 1975. Sobre as gravuras que refere de Paulo Decker veja-se: https://gallica.bnf.fr/ark:/12148/btv1b10501722r/f80.item.zoom.

de fazer para uma revista de aqui um artigo sobre os azulejos de Estremoz (...) tenho quase completo o capítulo inteiramente refeito da história da Biblioteca Joanina de Coimbra, o primeiro do meu livro dedicado a este monumento. Tem demorado muito e ainda exigirá imenso tempo mas creio que vale a pena. Para si, D. Lígia e Jorge Peixoto pretendo enviar cópias, esperando que inspirem críticas vossas. Com um grande abraço

Roberto".

Nota final

A obra inédita de Robert C. Smith dedicada à história e arte da Biblioteca Joanina de Coimbra é a primeira grande sistematização sobre a história construtiva deste monumento, que apresenta igualmente avanço cientificamente sustentado sobre a proposta de autoria para o desenho da sua fachada e dos seus interiores.

É um olhar integrado sobre a obra, destacando, ainda que não exaustivamente, o papel dos reitores da Universidade, D. Manuel de Moura Manuel, reitor de 1685-1690, bispo de Bragança-Miranda de 1690 a 1699 e encomendador dos túmulos e do altar da capela de Nossa Senhora da Penha de França, na quinta da Vista Alegre, em Ílhavo, ao escultor Claude Laprade, D. Nuno da Silva Teles (tio), reitor entre 1694 e 1702, encomendador do Pórtico e das sobreportas das aulas dos Gerais ao mesmo escultor e o sobrinho homónimo, reitor de 1715 a 1718, que impulsionou o processo de construção da nova Biblioteca. Decisivos foram igualmente os reitorados de Pedro Sanches de Baena (1719-1722) e de Francisco Carneiro de Figueiroa (1722-1745), que acompanharam de perto as obras da Biblioteca[62].

---

[62] Cf. *Reitores dos séculos XVII a XIX*, https://www.uc.pt/sobrenos/historia/reitores_xvii_xix.

O papel decisivo, jogado pelos reitores da Universidade nas obras, com certamente uma palavra a dizer na escolha dos artistas que intervieram, quer na reforma dos Gerais, quer mais tarde na construção da Joanina, compreende-se também pela sua posição enquanto membros de famílias influentes, chegadas à Casa Real. Se analisarmos as árvores genealógicas de todos eles, a sua formação nos colégios privilegiados de Coimbra, nomeadamente naqueles de São Pedro e São Paulo e as influências que tinham, não só diretamente na Universidade, mas também no seu padroado, melhor compreendemos que estariam aptos a sugerir arquitetos, desenhadores, escultores e outros artistas para a obra da Joanina[63]. E, provavelmente, assim aconteceu com o escultor Claude de Laprade, velho conhecido dos reitores D. Manuel de Moura Manuel, D. Nuno da Silva Telles e do seu homónimo sobrinho.

A análise de Robert C. Smith inova ao tratar a obra da Biblioteca com o olhar mais descomprometido de um estrangeiro, sem atavismos nacionalistas, pese embora o seu conhecido apreço pela arte barroca portuguesa. O trabalho que desenvolveu foi interpretativo, comparou a Joanina com outras obras coevas em Portugal e no estrangeiro, principalmente em França e em Itália, elencou artistas e apreciou estilisticamente os seus trabalhos. Surge deste método, o percurso justificado pelas obras do escultor e projetista Claude Laprade, em consonância com o que já tinha sido avançado pelo investigador

---

[63] Sobre o tema, veja-se Fonseca, F. T. (2007). The Social and Cultural Roles of the University of Coimbra (1537-1820). Some Considerations", *e-Journal of Portuguese History*, 5 1-21. https://www.brown.edu/Departments/Portuguese_Brazilian_Studies/ejph/html/issue9/html/ffonseca_main.html. Figueirôa-Rêgo, J. (2013). Das instâncias académicas de Coimbra ao Santo Ofício e à Mesa da Consciência e Ordens: in(ter)dependencia(s), sociabilidades e interesses. (pp. 249-271). In Fátima F., Hermínia V. V. e Mafalda S.C (eds.). *Centros Periféricos de Poder na Europa do Sul (Séculos XII-XVIII).* Colibri-CIDEHUS/EU e López-Salazar, A.I. (2017). Una oligarquía eclesiástica en Portugal durante el antiguo régimen: catedráticos, canónigos e inquisidores. *Librosdelacorte. es MONOGRÁFICO.* 6, 9, 164-184.

Ayres de Carvalho[64], mas acrescentando agora a minuciosa leitura estilística da obra. Este percurso permitiu a comparação e a procura pelos estilemas próprios de Laprade, confrontando a obra decorativa da Joanina com outras obras documentadas do artista.

A investigação para o livro dedicado à Biblioteca magna de Coimbra teve outras consequências para além desse objetivo, já que Robert Smith recolheu dezenas de documentos sobre arte e artistas presentes em monumentos do padroado da Universidade, em que constam, entre outros, contratos para talha, douramento e outros equipamentos, que completou com a consulta de registos paroquiais de batizados, casamentos e óbitos.

Com todo este manancial à sua disposição, que vinha acumulando desde o final dos anos sessenta, Smith, pretendia também escrever uma monografia em que se dedicaria a biografar e estudar outros artistas da região e suas obras. Testemunho disso são os apontamentos que deixou no seu espólio documental. A grande investigação que dedicou à Joanina permitiu-lhe a recolha de outro tanto material de estudo, que já não conseguiu sistematizar e publicar. Também por isso, esta investigação revela-se um projeto maior, no qual o cruzamento de informações, sejam elas documentais, visuais, cartográficas ou derivadas das inúmeras conversas que teve com académicos de Coimbra e de outras regiões, com curiosos do património e autores de história local, com arquivistas e bibliotecários, foram fundamentais para articular um enorme manancial de informações, que recolheu pessoalmente ou que lhe chegou pela bondade dos seus múltiplos e bem colocados interlocutores.

Para Robert C. Smith, o lastro artístico e simbólico da Biblioteca Joanina não se esgotava no estrito círculo dos monumentos coevos da cidade de Coimbra, como a sacristia da igreja de Santo António

---

[64] Carvalho, A. (1957). Desvenda-se o caso do misterioso artista Claude Laprade. *Diário de Lisboa*. 37, 7 de abril de 1957.

dos Olivais, mas ia mais além e deixava as suas marcas em edifícios como a igreja do Senhor das Barrocas, em Aveiro ou em outros edifícios ainda não estudados do padroado da Universidade, nos quais se referenciavam obras de alguns artistas que trabalharam na Joanina.

Atualmente, os ecos da Joanina vão muito para além das influências coevas que poderá ter tido. Entre elas, no seio de tantas outras que certamente existirão, contam-se a Biblioteca da Quinta Patiño, no Estoril, a Sala Chinesa da Faculdade de Direito da Universidade de Coimbra e o retrato de D. Luís I na sala do senado do Parlamento português[65].

Apesar de, mesmo em anos recentes, se terem editado monografias e artigos em revistas científicas, em que alguns aspetos concretos da rica história e arte da Biblioteca são abordados, consideramos que esta obra que agora se publica, depois de quase 50 anos passados sobre a sua redação, continua pertinente, não só na informação que veicula, mas sobretudo nas pistas e espaços de investigação que abre para futuras incursões no rico património artístico da Biblioteca e dos restantes monumentos barrocos da região de Coimbra e padroado da sua Universidade.

---

[65] Cf. Antes e Depois | Sala do Senado (1867-2017) (2017). *Boletim da Assembleia da República - Comunicar*, https://app.parlamento.pt/comunicar/Artigo.aspx?ID=879. A sala, projetada em 1856 pelo arquiteto Jean-François Colson (ativo em Portugal entre 1855 e 1863) e depois adaptada por António Tomás da Fonseca (c. 1822-1894), ostenta um retrato do rei D. Luís I da autoria de José Rodrigues (1828-1887). A moldura em talha e as componentes escultóricas da mesma são da autoria do entalhador Leandro Braga (1839-1897). Veja-se ainda de Mourão, C. (2009). Sala do Senado. História e Iconografia. (pp.17-37). In Teresa P. (ed.). *Sala do Senado*. Assembleia da República-divisão de edições.

Fig. 1 Retrato de D. Luís na sala do Senado da Assembleia da República. Portugal. Gabinete de Estudos Olisiponenses. V/MNL 119-G CMLEO | CDR 16 CMLEO

Fig. 2. Biblioteca da Quinta Patiño. Estoril. Portugal
© António Moutinho/Portugal Sotheby's International Reality

Fig. 3. "Sala chinesa". Faculdade de Direito da Universidade de Coimbra. Portugal

A Biblioteca Joanina da Universidade de Coimbra é um dos edifícios antigos portugueses que mais surpreendem e encantam os visitantes. Tem sido sempre assim desde a sua construção custeada por D. João V (1706-1750), em 1717-1718, o real protetor da Universidade (1), pois a nobre estrutura escapou ao descrédito geral que durantes longos anos o barroco nacional sofreu. A "Casa da Livraria", como é referida[66] nos documentos do século XVIII, tem sido, desde a sua inauguração até agora, alvo dos maiores elogios da parte dos portugueses, como dos estrangeiros. Por Francisco Carneiro de Figueiroa, o reitor que a acabou, a Biblioteca da Universidade foi proclamada "huma das mais magnificas obras que tem este Reino". (2) Para o Conde Atanazy Raczynski, o douto diplomata polaco que fez a primeira história da arte em Portugal, a Biblioteca de Coimbra era "la plus belle, la plus richement ornée, que j´aie jamais visitée". (3) Em 1877, quando já o estilo barroco começava a sofrer o desprezo quase universal que apenas se dissipou após a segunda Guerra Mundial, o Visconde de Villa-Maior louvou a "elegante e bellissima Biblioteca"[67] e duas décadas depois Albrecht Haupt, o segundo dos grandes historiadores da arte nacional, julgou-a digna parceira da Hofbibliothek em Viena da Áustria,

---

[66] No original "como vem chamada". Revimos para "como é referida".

[67] Reporta-se ao Visconde de Villa Maior. (1877) - *Exposição Succinta da Organisação actual da Universidade de Coimbra* (p. 475). Imprensa da Universidade.

um dos monumentos setecentistas mais afamados da Europa[68]. Em 1960 Germain Bazin dedicou à Livraria de Coimbra um artigo em que lhe chamou a rainha das bibliotecas universitárias[69]. E mais recentemente Anthony Hobson, especialista no assunto, chegou à conclusão de que a Biblioteca de Coimbra, com a única excepção da Hofbibliothek austríaca, tem o mais belo edifício feito para livraria durante todo o século XVIII. A sua planta, para ele, foi uma das grandes inovações na história geral das bibliotecas[70].

Escoltado por estes louvores, o edifício de Coimbra toma o seu lugar entre as obras-primas da arquitectura da idade barroca na Europa. Mas fá-lo sem arquitecto, porque ninguém sabe o nome do autor da "Casa da Livraria". Os poucos escritores de Setecentos que trataram da Universidade não o disseram nem os poucos documentos da construção da Biblioteca que sobrevivem. Não há tão pouco, tradição oral alguma a respeito da autoria do edifício. Cresceu como uma grande flor exótica em Coimbra sem antecedentes locais e sem criar aquelas histórias em redor à sua construção e às personalidades a ela ligadas que abundam com a maioria das grandes estruturas do passado europeu.

Com o interesse das obras de arte do século XVIII gerado pela publicação na década de 1920 dos primeiros tomos do *Guia de Portugal* da Biblioteca Nacional de Lisboa, o problema da identidade do autor da planta da Biblioteca da Universidade de Coimbra, começou a atrair a atenção de certos estudiosos. Como a obra foi régia e não houvesse candidato local, era natural buscá-lo em Lisboa,

---

[68] "(…) magnífica biblioteca, edificação nova de D. João V, digna parceira da de Fisher de Erlach, em Viena", in Haupt. A. (s.d.) - *A arquitetura da renascença em Portugal.* (p. 247). J. Rodrigues Livreiros Editores.

[69] Bazin, G. (1960). La Bibliothèque la plus fausteuse que j´aie jamais vu. *Connaissance des Arts*, 100, 60-71.

[70] Deverá referir-se ao livro de Anthony Hobson, (1970) que surge mencionado nas notas manuscritas de Robert C. Smith, *Great Libraries.* Weidenfeld & Nicolson (nas págs. 85, 242-234 e 242, o livro debruça-se sobre a Biblioteca Joanina de Coimbra).

Fig. 1 Vista aérea do Paço das Escolas, com a Biblioteca Joanina à esquerda da imagem. Coimbra. Portugal © Nuno Antunes

Fig. 2 Portal da Biblioteca Joanina. Coimbra. Portugal © Nuno Antunes

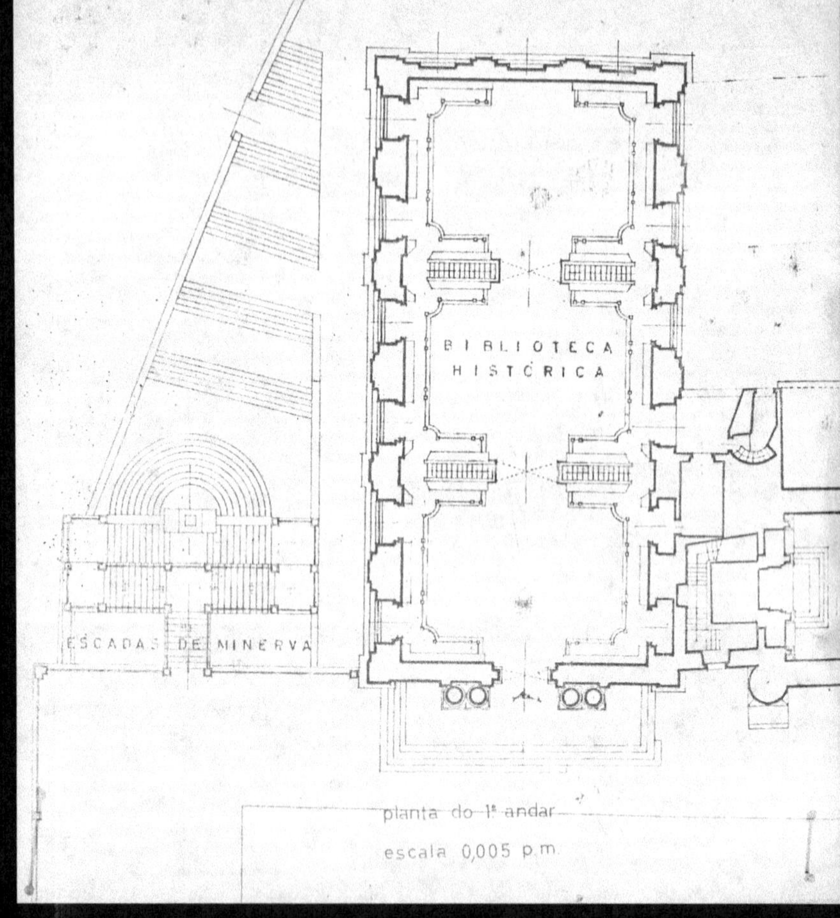

Fig. 3 Planta da Biblioteca Joanina de Coimbra. CFT001.42003. Legado Robert Chester Smith, Fundação Calouste Gulbenkian, Biblioteca de Arte e Arquivos, Lisboa.

Fig. 4 Fotografia de Charles Thompson 1866. AUC (cota R-69-16 A)

entre os arquitectos e artistas da corte do soberano, que na sua qualidade de "Protector da Universidade", pagou as consideráveis despesas que a empresa produziu.

Destas figuras a principal foi o alemão Johann Friedrich Ludwig (1670-1752), chamado Lodovivi em Roma, onde aprendeu a arte da ourivesaria. Tornou-se depois Ludovice em Lisboa, onde chegou em 1701, chamado pelos jesuítas de Santo Antão, e onde principiou a sua fabulosa carreira de arquitecto com as plantas do real palácio, convento e basílica do monumento de Mafra, iniciado por ordem de D. João V em 1717.[71]

Passou Ludovice o resto da sua vida no serviço do rei, que o nomeou em 1750[72], arquitecto mor do reino de Portugal, disseminando na zona de Lisboa um estilo quase literalmente baseado na arquitectura e escultura ornamental seiscentistas que conhecera em Roma.

O primeiro investigador a propor o nome de João Frederico Ludovice como arquitecto da Biblioteca de Coimbra foi Xavier da Costa, que em 1932 lhe atribuiu não somente este edifício como também a torre universitária, em 1728-1733.[73] Quanto à biblioteca esta teoria foi geralmente apoiada por Reynaldo dos Santos, até à sua morte em 1966, a maior autoridade no assunto da arte em Portugal.

Bem diferente, contudo foi a atitude do Prof. Vergílio Correia, o venerando mestre da história da arte da cidade de Coimbra e da

---

[71] Cf. Smith, R. C. (1936). Frederico Ludovice an eighteenth-century architect in Portugal. *The Art Bulletin*. 18, 3 1, 273-370. Mais recentemente escreveu sobre o projeto arquitetónico de Mafra, Pimentel. A.F. (2002) - *Arquitectura e Poder. O Real edifício de Mafra*. Livros Horizonte, e em (2017) Do convento de Mafra ao real edifício. *Monumentos*. 35, 38-51.

[72] Interrogado no original, apesar de Robert Smith ter já escrito sobre o arquiteto e ter mencionado corretamente o decreto de D. José I e o seu conteúdo, o qual agraciou Ludovice, em 1750, com o título de arquiteto-mor do reino. Cf. Smith, R. C., Frederico Ludovice (...).

[73] Costa. L.X. (1934). *As belas-artes plásticas em Portugal durante o século XVII*. (26). I. J. Rodrigues & Co.².

sua zona, que no seu livro *Coimbra e arredores* (p. 85) declarou que "a Biblioteca não pode pertencer ao mestre de Mafra, cujo italianismo elegante e sêco não se coadunava com a planturosa realização de inspiração barrôca que é a Casa da Livraria, tanto interna como exteriormente uma criação bem portuguesa" [74]. Com esta opinião concordo em linhas gerais, pois as influências discerníveis na Biblioteca, são, como veremos, quase todas do Norte da Europa, em vez de italianas.

Para mim, porém, a Biblioteca é longe de ser uma obra inteiramente portuguesa, como hei-de mostrar no devido lugar.

Sobre a verdadeira autoria da Casa da Livraria, o professor Vergílio Correia nunca quis aventurar hipótese mais precisa, limitando-se, com o seu colaborador do *Inventário Artístico de Portugal*, a observar que "há contudo ligação estilística com outras obras nacionais". [75]

Um outro ponto de vista é representado pela curiosa sugestão de Germain Bazin de o risco da Biblioteca de Coimbra ter sido enviado de Viena de Áustria, cuja biblioteca imperial, ou Hofburf, foi desenhada por Johann Fisher von Erlach, o velho, em 1722, quando a de Coimbra já estava em parte terminada. Inspirada pela nacionalidade da então rainha de Portugal D. Mariana de Habsburgo, irmã do imperador, e uma certa semelhança entre a Hofbibliothek e a de Coimbra, esta hipótese de Bazin supõe que "Jean V peut avoir en connaisance des intentions de son beau-frère d´elever une bibliothèque somptuese, intentions anteriores de plusiers anneés à l´exécution". [76]

---

[74] Este pequeno livro derivou de um curso de verão organizado pela Faculdade de Letras de Coimbra e contou entre os seus autores, para além de Vergílio Correia, com A. de Amorim Girão e Torquato de Souza Fernandes, sendo legítimo, como fez Robert C. Smith atribuir o capítulo dedicado à Universidade de Coimbra a Vergílio Correia, embora tal não surja especificado na publicação. Cf. Girão, A.A, Correia, V. e Fernandes, T.S. (1939) - *Coimbra e Arredores*. (p. 85). Comissão Municipal de Turismo.

[75] Correia. V. e Gonçalves N. A. (1947) - *Inventário Artístico de Portugal. Cidade de Coimbra*. (p. 106). Academia Nacional de Belas Artes.

[76] Em francês no original. Nota da tradutora. Bazin, G. (1960). La Bibliothèque la plus fausteuse (...), 70.

Fig. 5 Interior da Biblioteca Joanina. © Nuno Antunes

Fig. 6. Biblioteca Nacional de Viena (Prunksaal). Áustria.
©Art Kowalsky / Alamy Foto de stock

Na realidade nada justifica esta suposição, seria mais razoável deduzir o contrário, nomeadamente que a ideia de Hofburg e das outras bibliotecas compostas de várias salas sumptuosas que distinguiram a Áustria e a Baviera no século XVIII veio de Coimbra, porque todas estas bibliotecas são posteriores à portuguesa.

Resta uma terceira teoria, que para mim oferece a única solução aceitável do enigma. Esta é a autoria de Cláudio de Laprada, que se baseia nas seguintes condições.

A fachada principal do monumento conimbricense é nitidamente francesa, relacionada em gravuras de Jean Le Pautre e Daniel Marot, dois grandes ornamentistas e decoradores da época de Luís XIV. As pinturas pseudo-chinesas do interior da Biblioteca pertencem a um gosto exótico que, nascido em Paris e Londres na segunda metade do século XVII conquistou todo o Norte da Europa no primeiro quartel do século seguinte[77]. E finalmente a talha do interior da Biblioteca, adjunto maravilhoso das suas chinesices é uma expressão inteiramente portuguesa, ligada fundamentalmente aos grandes retábulos joaninos de madeira dourada, que na segunda década de Setecentos começaram a aparecer em Lisboa e pouco tempo depois se manifestaram no Porto e em Coimbra.

---

[77] Atualmente, a investigação em torno da *chinoiserie* de produção portuguesa, utilizada desde meados do século XVII, realça o gosto por essa opção decorativa como resultado direto das relações económicas e artísticas, principalmente, com a China e o Japão. Veja-se: Gschwend, A. (2015). Olisipo, *Emporium Nobilissimum*: global consumption in renaissance Lisbon. In AnneMarie G. and K.J.P. L. (eds.). *The global city on the streets of the renaissance*. (pp.140-161). Paul Holberton Publishing; Pimentel, A.F. (2013). Do Portugal exótico ao exotismo: o fenómeno da Chinoiserie em Portugal. In Alexandra C. (ed.). *O exótico nunca está em casa? A China na faiança e no azulejo portugueses (séculos XVII-XVIII)*. (pp. 96-109). DGPC; Ferreira, S. (2015). Reflexos em vermelho e ouro. Chinoiserie e talha ou a construção de um modelo de renovação artística. In Luís. F. B.; Vítor S. (eds.). *Património Cultural Chinês em Portugal*. (pp. 119-132). Centro Científico e Cultural de Macau. Ferreira, S., Rosada M. (2023). A policromia poliédrica: do douramento à Chinoiserie no barroco luso-brasileiro. In García Luque, M. y Herrera García F. J. (eds.). *Color y Ornamento. Estudios sobre polícromía en el mundo ibérico (s. XVII y XVIII)*. Universidad de Granada.

À luz destas características surge inevitavelmente um nome como possível autor, pelo menos em parte, da Biblioteca de Coimbra. Trata-se, como apontei no livro *A Talha em Portugal*, publicado em 1963[78], de Cláudio de Laprada (Claude de Laprade) que, nascido em Avinhão em 1682[79], veio trabalhar muito novo em Portugal, primeiro na capela da quinta da Vista Alegre, em Ílhavo (Aveiro), em 1699, onde executou magistralmente em pedra calcária dois túmulos alegóricos e talvez inaugurasse a sua carreira na talha, e logo depois na Universidade de Coimbra. Aí enriqueceu, desde 1700 a 1702, a entrada, pátio e aulas dos Gerais com um pórtico e uma série de cartelas e imagens alegóricas da mesma pedra calcária regional, fortemente sugestiva da escultura coeva religiosa e ornamental da Provença. Depois Laprade trabalhou em Lisboa, onde até falecer em 1738, manteve uma das principais oficinas de talha e escultura em pedra do movimento barroco joanino. Com o êxito incontestável das suas obras anteriores para a Universidade de Coimbra, era lógico que interviesse na elaboração da obra da Biblioteca, cujas plantas fundamentais foram talvez preparadas na régia Aula de Arquitectura, de Lisboa, sob a direção do padre Francisco Tinoco da Silva, "architeto e mestre das obras e paços reaes desta cidade"[80]. Assim, em 1964 propôs o grande estudioso da arte portuguesa desta época Ayres de Carvalho, dizendo, a respeito de Laprada, que "não temos receio de arriscar a sua colaboração com o Padre Tinoco ou até com Ludwig na decoração escultórica

---

[78] Smith, R. C. (1963) - *A Talha em Portugal*. (p. 117). Livros Horizonte.

[79] Data que tem sido questionada, nomeadamente, por Ferreira, S. (2017). From stone to wood: Claude Laprade (c. 1675-1738) and his journey from Provence to Portugal. In Kathryn W.; Jessica D.; Matej K. (eds). *Artists and migration 1400-1850, Britain, Europe and beyond*. (pp. 53-54). Cambridge Scholars Publishing.

[80] Sobre a vida e obra do padre arquiteto Francisco Tinoco da Silva, cf. Coelho T.C. (2014). *Os Nunes Tinoco, uma dinastia de arquitectos régios dos séculos XVII e XVIII*. (pp. 97-109). (Tese de doutoramento em História da Arte apresentada à Faculdade de Ciências Sociais e Humanas da Universidade Nova de Lisboa). I.

(desenhos e modelos interpretados por entalhadores locais) da Biblioteca da Universidade de Coimbra".[81]

Se aceitamos a hipótese da intervenção de Cláudio de Laprada, com ou sem a colaboração da Aula de Arquitectura, temos logo a explicação da abundância da escultura dentro e fora da Biblioteca. As de pedra são intimamente ligadas com os seus trabalhos anteriores de Ílhavo e da Universidade e as imagens de madeira são igualmente sugestivas das obras de entalha em Lisboa que somente agora começam a ser identificadas com as últimas fases da carreira de Cláudio de Laprada. Explica-se também o carácter das pinturas da Biblioteca, os tectos desenhados numa versão lusitana do estilo barroco italiano triunfante em Versalhes, e as paredes interiores ornamentadas *à la chinoise,* reminiscentes do culto oriental simbolizado pelo palacete de Trianon de Porcelana. Esta combinação é precisamente o que teria recomendado um francês como Laprada, introdutor do *grand style* de Luís XIV na escultura portuguesa, e evidentemente ansioso de lançar no seu país de adoção outras novidades como a imitação das lacas orientais, talvez já experimentadas em palácios lisboetas desaparecidos no terramoto de 1755.

A teoria lapradiana por mim avançada está agora largamente aceite, embora com certa reserva, como mostra o ponto de interrogação acompanhando a atribuição da Biblioteca de Coimbra a Laprada no catálogo da exposição de fotografias de arquitectura portuguesa dos séculos XVII e XVIII preparada pela Fundação Calouste Gulbenkian para o Primeiro Festival do Barroco na Baía em 1968[82]. Figura também no catálogo da versão ampliada da mesma exposição rea-

---

[81] Carvalho, A (1964). Novas revelações para a história do Barroco em Portugal. II-O mestre das gloriosas máquinas douradas da Lisboa setecentista. O artista Claude de Laprade (1682-1738). In separata de *Belas-Artes*, 20, 50.

[82] Festival do Barroco na Bahia, em 1968. A exposição: Aspectos da Arquitectura Barroca Luso-Brasileira foi organizada pela Fundação Calouste Gulbenkian em Salvador da Bahia no âmbito do *I Festival Luso-Brasileiro do Barroco*, que teve lugar de 16 a 26 de setembro de 1968 e contou com um vasto programa de exposições e concertos. https://gulbenkian.pt/historia-das-exposicoes/exhibitions/127/.

lizada em Braga, na ocasião do Congresso Internacional de Estudos "A Arte em Portugal no Século XVIII", de homenagem a André Soares, em Abril de 1973.[83]

A fim de reduzir, se não eliminar, esta reserva, resolvi, em 1969, fazer um exame pormenorizado da arquitectura da Biblioteca Joanina da Universidade de Coimbra em relação à obra conhecida de Cláudio de Laprada, nele destacaria os muitos paralelos que existem e ao mesmo tempo realçaria as fortes semelhanças que ligam a Biblioteca com as três belas portadas esculpidas da Igreja do Senhor das Barrocas, de Aveiro,[84] iniciada em 1722, outra obra atribuível a Cláudio de Laprada.

Esta análise estilística é uma das finalidades deste livro. Outra é o projecto de publicar aqui pela primeira vez a documentação encontrada no Arquivo Distrital de Coimbra relativa à construção do insigne edifício e, por certo modo, fazer justiça à figura extraordinária de Gaspar[85] Ferreira, arquitecto e entalhador conimbricense e mestre das obras da Universidade. Outro objetivo deste livro foi de estudar os papéis desempenhados pelos dois grandes pintores lisboetas António Simões Ribeiro e Manuel da Silva nesta obra de Coimbra, e para esta tarefa tive a sorte de achar documentos inéditos de muito interesse. Entra também no programa o meu desejo de reunir monumentos de diversas categorias tendo em comum a sua mútua relação com a Biblioteca de Coimbra. E finalmente na composição deste livro, quis revelar ao público a total beleza do edifício principesco, tão complexo e original, como obra proeminente do estilo igualmente rico, nobre e complicado, que por falta de outro melhor traz o nome de D. João V.

---

[83] Robert C. Smith refere-se a Actas do congresso A Arte em Portugal no século XVIII. (1973). *Bracara Augusta*, 64.

[84] Sobre a igreja do Senhor das Barrocas de Aveiro, veja-se o estudo de Pimentel, H. (2018). *Plantas centralizadas na cidade de Aveiro: a Capela do Senhor das Barrocas (1722 - 1732)* (Dissertação de Mestrado Integrado em Arquitetura apresentada à Faculdade de Ciências e Tecnologia da Universidade de Coimbra).

[85] No original, certamente por lapso, "Gabriel".

Notas

1) Esta referência bibliográfica deverá ser respeitante a Braga, T. (1892-1902). *História da Universidade de Coimbra nas suas relações com a instrução pública*. Academia Real das Ciências.

2) "Acabou-se de fazer com toda a perfeiçaõ a caza da Livraria que he huma das mais magnificas obras que tem este Reyno", in Figueiroa F.C. (1937) - *Memórias da Universidade de Coimbra* (p. 164). Imprensa da Universidade de Coimbra.

3) Atanazi Rackzinski, *Les arts en Portugal: lettres adressées a la société artistique et scientifique de Berlin et accompagnées de documents*, Paris, 1846, p. 471.

I- HISTÓRIA E CONSTRUÇÃO

Única entre as universidades Peninsulares do século XVIII foi a portuguesa de Coimbra em ter, para a sua biblioteca, edifício próprio, novo e monumental. Autorizada por D. João V em 1716, esta esplêndida estrutura veio a substituir modestas instalações do fim do século XVI e início de Seiscentos, que são as primeiras recordadas na História da Universidade. (1)

Segundo António José Teixeira, a primeira referência à biblioteca da Universidade de Coimbra é contida numa provisão de D. João III, de 17 de Junho de 1541, dirigida ao então reitor D. Bernardo da Cruz. (2) Nela el-rei ordena-lhe que consulte com o recebedor das rendas da Universidade, Nicolau Leitão, que em 1537 trouxera os livros de Lisboa, quando, após uma residência de cento e sessenta anos na capital, a Universidade regressou à sua antiga sede coimbrã. Pelas instruções da mesma provisão, o reitor deveria escolher o melhor sítio "d´entre as divisões dos seus paços" para o depósito destes livros, cujas estantes tinham sido autorizadas por outra provisão da mesma data enviada a Nicolau Leitão. (3)

Nada, porém, é sabido desta primitiva instalação, que deve ter sido pequena e provavelmente transitória. Em 1573 a fundação duma biblioteca foi recomendada por D. Ayres da Silva, bispo eleito do Porto, (4) que, na sua qualidade de visitador e reformador da Universidade, expôs que D. Sebastião desejava uma biblioteca e um hospital. (5) Nada, contudo, se fez até 1597, quando os estatutos da Universidade novamente editados, declararam que "Averá na Universidade huma libraria publica, na qual estarão os livros de todas as faculdades em estantes ou almarios presos por cadeas, e repartidos e ordenados, na melhor maneira, e ordem que puder ser para bom conserto". (6)

Em 28 de Outubro do mesmo ano, o reitor Afonso Furtado de Mendonça (7) mandou fazer "uma casa para livraria", nomeando, ao mesmo tempo, o bacharel em cânones Pedro de Mariz para seu guarda-mor. (8) Escritor de grande projeção, adquiriu em Veneza e outras cidades estrangeiras alguns livros para a nova biblioteca. (9) Calculou o historiador universitário Florêncio Mago Barreto Feio, em meados do século passado,[86] que esta casa talvez se encontrasse "por baixo da Via Latina ou, em parte do andar inferior dos paços pelo lado da Rua do Norte", isto é, em lugar insignificante. (10)

Passou o século XVII por inteiro com poucas notícias da biblioteca, que continuou sem importância. Existe uma provisão datada em Lisboa de 12 de Fevereiro de 1624, que revela a morte do guarda Francisco Vazi. (11) Uma carta régia de 20 de Julho do ano seguinte manda facultar a revisão da livraria ao padre João Alves Troco, para que nela recolhesse algumas curiosidades. (12) Semelhantemente, D. João IV, escrevendo de Alcântara em 23 de Abril de 1651, deu instruções ao reitor Manuel de Saldanha, (13) que mostrasse a biblioteca ao sueco L. F. Tresendorf, que ia visitar Coimbra. (14) Uma provisão de Afonso VI, de 27 de Agosto de 1677, manda que se faça a obra de que necessita a casa da livraria e a despender nela a quantia de 118$800. (15) Fizeram-se, no fim do século XVII, as grandes obras de D. Nuno da Silva Teles, (16) que deram à Universidade o conjunto do Pátio dos Estudos Gerais de Teologia e a Casa do Exame Privado, sem ampliar a biblioteca. (17) Assim, não é de estranhar que o padre António Carvalho da Costa, quando em 1708 publicou o segundo tomo da sua corografia de Portugal, não destacasse a da Universidade de entre as "muitas bibliotecas" que em Coimbra então

---

[86] Robert Smith refere-se ao século XIX.

Fig. 7 D. Nuno da Silva Teles. UCP (Sala do Exame privado)

havia. (18) António José Teixeira localizou seu modesto paradeiro à direita da Porta Férrea, no "primeiro andar do paço das escholas". (19)

O remédio foi encontrado em 1716 pelo poderoso reitor Nuno da Silva Teles, sobrinho do outro do mesmo nome, censor e secretário da Academia Real da História Portuguesa, deputado do Santo Ofício e sumilher da cortina, (20) o qual, dirigindo-se a D. João V, protetor da Universidade, (21) obteve não somente a régia aprovação da compra da biblioteca particular de Francisco Barreto e o aumento do orçamento anual para a aquisição de livros de 40$000 para 100$000 reis, como também a notável autorização de mandar fazer uma "caza competente para huma boa livraria (...) por ser pequena e escura a caza que servia áquelle ministerio". (22)

Estas licenças, inspiradas talvez pela decisão de Filipe V de Espanha em 1712 de fundar uma real biblioteca em Madrid (23), em conjuntura com a veneração de D. João V pelo papel de seu pai D. Pedro II como protetor da Universidade de Coimbra, foram concedidas pela provisão de 31 de Outubro de 1716, a qual outorga a faculdade "Hey por bem, mandeis fazer a dita caza, no citio sobredito [pátio da Universidade] como mais útil, e de menos despeza (...)". (24)[87]

O documento não trata da maneira de financiar a construção, mas é evidente que a licença real implicava a doação pelo soberano à Universidade do dinheiro suficiente. Este, entrando na "arca" universitária tantas vezes referida nos livros de receita e despesa da Universidade, começou a ser pago aos executantes do novo edifício, a partir da Primavera de 1717. É nesta altura que principiam os róis das férias, os quais continuam até ao ano de 1728, durante os reitorados de Pedro Sanches Farinha de Baena (25) e Francisco Carneiro de Figueiroa, seu sucessor. (26)

---

[87] A citação no texto de Robert C. Smith era a seguinte: "para no pateo desta Universidade se fazer uma casa para a livraria no sitio onde seja util e de menos despeza", a qual não está correta, revimos para a que consta no documento.

As obras de alvenaria iniciaram-se oficialmente no dia 17 de Julho de 1717, na presença do reitor Silva Teles e de um grande número de lentes da Universidade. (27)

Foi somente em 14 de Agosto, quase um mês depois, que se lavrou contrato de empreitada com João Carvalho Ferreira, "mestre de obras de pedraria morador ao Burgo de Cellas extra muros desta Cidade". (28) Este documento informa, além dos preços dos diversos tipos de alvenaria e cantaria a serem empregados na construção da Biblioteca, que a sua obra "andara muitos dias a pregam por esta dita cidade e lugares públicos della e no terreiro da mesma universidade para se arrematar ás pessoas ou pessoa que na dita obra quisessem lançar por menos dos preços que estauam nos apontamentos que se fizeram para a dita obra".

O mestre João Carvalho Ferreira, que lançara "menos trinta e cinco mil reis dos preços que estauam nos apontamentos", era, segundo informações contidas no contrato, pessoa abastada, dono de várias casas, vinhas e olivais nos arredores de Coimbra e vizinho da viúva de Manuel Fernandes, de alcunha, "o Sogeiro", que servira de mestre de obras do mosteiro de Santa Clara. (29) O fiador e principal pagador do contrato foi João Rodrigues de Almeida, (30) "mestre de carpintaria das obras desta universidade", e assim ligado à grandiosa empresa da nova "Caza da Livraria".

Para traçar a sua história com pormenores temos certos contratos e pagamentos aos principais artistas recordados nos livros de contas da Universidade, (31) e também a série completa dos róis das férias semanais, dando ordenados dos operários, que enche nove caixas no Arquivo da Universidade, (32), através dos quais se pode formar uma ideia geral do progresso dos trabalhos. Feitos por ordem de Bento Gomes Castanheira, agente da Universidade, que serviu de pagador, os pagamentos começam com os preparativos principiados na semana de 4 de Maio de 1717 com "os laurantes e trabalhadores que andão passando a cal". (33) Quinze dias depois aparece o "rol das ferias dos carros que andarão ao entulho que começou a 19 de Maio e findou a vinte e dois deste mes". (34)

800

António cordeiro dageria vrou
duas carradas depedra dapedreira
depersinhos pera aleguaria daLivra-
ria deasa Vm.d   afero cada huma
de quatrocentos reis q emportaõ 600
reis q receber clamaõ dos D.to Ber-
do gomes castanheira Aguarde deasa
Vm.d coimbra 4 de Janeiro dei726

Vaõ 600 reis

Gaspar Ferreira

Fig. 8 Folha de pagamentos a artistas das obras da Biblioteca (AUC)

Este Sñr. das pedras q. consta dos Livros p. estar
for entregue ao Cabouqueiro Antonio Luis Pessoa.

O mesmo Cabouq.r dis q. neste anno virão mais
Estas pedras / luas pedras que alinhou por sua conta, q. ainda
me consta q. já / ve não estão carregadas no Rol, e constando
vidas chamdam / ser asim se verá a grandeza das ditas pedras,
a alquinana / q.e conforme a elle S. repagar o sua lanço
E com a importancia destas pedras, ca.
Conta do Tolo Sima ajuste e brjunte a sua
Conta com este Cabouq.r, e se ha lá de
satisfazer o q. se estiver devendo, advertindo
q. ainda está nesp.te sua verjado por tal q. se hay
se que o d. Cabouq.r deue dar conta.

E q.to as 3. colunas q. o mesmo Cabouq.r
alinhou deue requerer à fora da Fazenda q.e lhe
mande pagar od. a lanço por conta do M.e
João de Carv.l por lhe dar as medidas das d.s
colunas erradas, e não servirem por essa
causa p.a a obra, e caz. q. seia culpa do
Cabouq.r por não tirem as colunas a medida
conpetente deue perder od. Cabouq.r e seu
trabalho. Soure 20 de Agosto de
1723.

Vi este Rol. D. Fernando Peres Lourao

A Laude a nos imposta ——————— 130$950
H mais do alanto das contas pedras asima —— 001$920
a 480 por cada Rua —
H E em beurrado de dois dias q. o S. giralde p.o
mandou darlhe ——————— 000$400
                                            ————————
                    Somatudo —— 133$270

Em 25 de Maio, Manuel Gomes, "sacador das rendas", ou solicitador da Universidade, foi pôr "escriptos em o lugar de Carrima e em Souzellas para os homens da telha virem fazer seos lanços donde gastou hum dia". (35) Fez o mesmo serviço nas aldeias de S. Fagundo e Lavarrabos. Entretanto, começa a chegar areia de fora, inclusive de Lisboa. (36) No dia 24 de Junho, João Antunes, de Vilarinho de Lousã, vende à Universidade "trinta e duas couseiras postas". (37)

Na semana de 17 para 24 de Julho, aquando da inauguração propriamente dita das obras, na presença do reitor, o rol de pagamentos revela um pequeno exército de operários, composto de carpinteiros e serradores, caboqueiros, lavrantes, alvanéis, trabalhadores, rapazes, (38) serventes e mulheres, que evoca, em ponto pequeno, as multidões a serem brevemente convocadas para as gigantescas obras do real sítio de Mafra. (39)

Prosseguem os róis de férias durante o resto de 1717 e primeiros meses de 1718. Em Março figuram as primeiras referências à pedra de alvenaria, vinda em carros de bois da pedreira de João Oliveira da zona de Portunhos, e, em Julho, duma pedreira da Universidade na mesma região, conduzidos por um certo António Simões, de Ança. (40) Ao mesmo tempo, barqueiros vão buscar madeira Rio Mondego acima, um deles, o Manuel Lopes do lugar de Carvoeiro do termos de Penacova, queixando-se de ter feito duas viagens para Tobim sem ser suficientemente pago. (41)

Em Abril de 1718 chegaram ao sítio da Biblioteca "quantidades de tijolo" do colégio de Nossa Senhora da Graça, de Coimbra, (42) e de Sandelgas. (43) Trabalham agora serradores, carpinteiros e pedreiros, aparentemente com tanta rapidez que já na semana de 18 para 25 de Julho foi possível principiar o preparo das estantes das três salas da Livraria. (44)

Nesta vasta iniciativa empenharam-se até o dia 23 de Junho de 1725 diversas equipas de carpinteiros e entalhadores ou ensambladores (embora esta palavra nunca seja empregue nos róis de férias), sob a direcção de Gaspar Ferreira[88], de Coimbra, mestre das obras da Biblioteca e também da Universidade. Este, chamado "mestre entalhador", recebia por dia 500 réis, enquanto os homens que ele dirigia, geralmente quatro, cinco ou seis, ganhavam desde 120 até 300 réis diariamente. (45) Temos os nomes destes artífices – Veríssimo Correia, João de Oliveira, Manuel Marques, Álvaro da Costa, Manuel Carvalho, Caetano da Silva, Álvaro Francisco, Jacinto de Araújo, Domingos António, João Correia e vários outros.

Destacou-se em Agosto de 1723 o entalhador Manuel de Andrade, residente no lugar das Torres, "que tomou de empreitada a limpeza dos balaustres da baranda da Livraria desta Universidade". (46) No dia 14 de Setembro entregou "dos balaustres grandes quatorze", que "a noue sentos e sessenta reis cada hum emporta treze mil e quatro centos e corenta reis", e vinte e quatro balaustres pequenos a 550 réis cada hum (...)". (47)[89] Em Outubro deu vinte e cinco dos grandes e vinte e oito pequenos, em Novembro mais dez e treze, e em Abril e Julho de 1724 outros quarenta e um. (48) No mês de Junho o mestre torneiro Xavier Gomes acabou "corenta e duas bolas para a "baranda da livraria", que devem ser os cestos de flores que rematam os respectivos pilares. (49)

Bem documentada é a carreira do mestre de obras Gaspar Ferreira, que dirigiu a construção das estantes, desde 1718 até 1725. Quando

---

[88] Sobre a atividade deste mestre arquiteto e entalhador veja-se Alves, A. (1980). *Artistas e Artífices nas Dioceses de Lamego e Viseu. Revista Beira Alta.* XXXIX, 3-4, 357-367 e *idem* (1982). A actividade de Gaspar Ferreira em terras do interior Beirão. *Mundo da Arte.* 6. Novas abordagens e documentação sobre a obra deste arquiteto foram adicionadas por Pimentel, A.F. (1989). Gaspar Ferreira. (p. 187). In José F. P. (ed.). *Dicionário da arte barroca em Portugal.* Presença e por Santos, D.G. (2013) - *Azulejaria de fabrico coimbrão (1699-1801), Artífices e artistas. Cronologia. Iconografia.* (pp. 227-232). (Tese de Doutoramento em História da Arte Portuguesa, apresentada à Faculdade de Letras da Universidade do Porto). I. Também Miguel Portela (jan-fev. 2020) no artigo O mestre de obras de arquitetura Gaspar Ferreira e o convento dos dominicanos da Batalha publicado no *Jornal da Golpilheira*, acrescenta mais um dado à atividade deste artista.

[89] Corrigimos as datas do texto de Smith, que referiam o mês de setembro como início da empreitada, quando no documento é mencionada a data de 23 de agosto.

faleceu, em 20 de Outubro de 1762, o cura de S. João da Cruz, de Coimbra, deu-lhe setenta e três anos de idade, de modo que deve ter nascido em redor de 1689. (50) O termo de óbito revela também que Gaspar Ferreira casou duas vezes, primeiro com Violante Teixeira e depois com uma certa Joaquina Luísa. Não aparecem notícias de filhos, nem de profissão no dito documento, mas em 1720 sua primeira esposa foi chamada "mulher de Gaspar Ferreira Entalhador". (51)

Exercendo os ofícios aliados de "mestre arquitecto" e "mestre entalhador", Ferreira desenhava e executava, de um lado, retábulos e outras obras de entalha, e do outro fez alguns edifícios na zona das Beiras. A sua primeira obra conhecida é a direcção do fabrico das estantes da "Caza da Livraria"[90]. No ano de 1721 fez a planta "para a obra de pedraria" da igreja da Santa Casa da Misericórdia, de Mangualde, (52) construção pitoresca de estilo pesado e tosco cujas despesas foram em grande parte pagas pelo fidalgo do lugar, Simão Pais do Amaral, antepassado dos Condes de Anadia e provedor da Santa Casa.

No mesmo ano de 1721 Gaspar Ferreira fez para a Sé de Viseu "duas plantas para a bacia do órgão e colunas" duma caixa agora perdida. (53)

Em 1725 seu nome figura no contrato de Alexandre de Castro e José Rodrigues de fazer a obra de pedraria e carpintaria da capela--mor da sacristia da igreja de Alvorge, um dos templos paroquiais pertencentes à Universidade de Coimbra, segundo apontamentos feitos "pello mestre das obras desta Universidade Gaspar Ferreira".

---

[90] Diana Gonçalves dos Santos antecipa esta cronologia para 1713, ano em que Gaspar Ferreira é sinalizado no contrato notarial para a execução do altar-mor da igreja do Salvador, de Coimbra. Encomendado o entalhe a João de Azevedo, refere--se que o risco é da autoria de Gaspar Ferreira. AUC – Fundo Notarial de Coimbra. Tabelião Francisco Gomes Pinheiro. Dep.V; Sec.I-Es; Est.9; Tab.4; N.º25, fls.15-16. Cf. Santos, D.G. (2013) - *Azulejaria de fabrico coimbrão (1699-1801)* (...). (p. 230).

Fig. 10 Igreja da Misericórdia de Mangualde. Portugal. Gaspar Ferreira
@ Fátima Eusébio

Fig. 11 Cadeiral da Sé de Viseu. Portugal. Gaspar Ferreira @ Fátima Eusébio

(54) De 1727 data o seu contrato de acabar o interior da zona por baixo das salas da Biblioteca da Universidade e fazer um candeeiro das trevas em imitação do da Sé conimbricense, sendo o seu fiador o carpinteiro Sebastião Rodrigues, que trabalhara nas estantes. (55) Logo depois, aos 24 de Janeiro de 1728, Ferreira lavrou outro contrato para realizar uma obra não especificada mas provavelmente de restauro na seiscentista Porta Férrea,[91] que serve de entrada veicular do pátio da Universidade. (56) O fiador foi Manuel Carvalho, outro carpinteiro da Biblioteca. No mesmo ano Gaspar Ferreira fez uma planta para a nova torre sineira, localizada no ângulo nordeste deste terreiro, pela qual recebeu 6$400 réis. (57) Enviados seus riscos para Lisboa, foram rejeitados a favor de outro esquema feito por um arquitecto da corte, (58) provavelmente António Canevari, romano.[92] (59) Ao mesmo tempo foi resolvido que Gaspar Ferreira, na sua qualidade de "mestre das obras da Universidade", dirigisse a construção desta torre, (60) que se prolongou até ao princípio de 1733. (61) Recebeu de pagamento o ordenado de 600 réis por dia, "com faculdade de so poder faltar à assistência hum athe dous dias na cemana". Compôs também os apontamentos para os quatro mostradores do relógio da torre da Universidade, executados por Veríssimo da Veiga, da Vila de Condeixa. (62)

Entretanto Gaspar Ferreira praticava o seu ofício de mestre entalhador, desenhando para a igreja de Santa Maria Madalena do Rabaçal, o retábulo da capela-mor, "com os dois nichos". Este foi contratado, juntamente com as imagens, em 29 de Julho de 1729, por Manuel de Andrade, que, sete anos antes, tinha "limpo" ou acabado alguns balaústres para a varanda das estantes da Biblioteca. (63)

---

[91] No original "Arco Férreo". Revimos para "Porta Férrea".

[92] Sobre a construção da torre, sob desenho de Canevari, veja-se de Pimentel, A.F. (2005). António Canevari e a torre da Universidade de Coimbra. (pp. 49-58). In Natália M. F-A. (ed.). *Artistas e Artífices e a sua mobilidade no mundo de expressão portuguesa: actas do VII Colóquio Luso-Brasileiro de História da Arte.*

Em 1731 Gaspar Ferreira recebeu 16$800 réis do Cabido de Viseu, "pelo trabalho que teve de vir e rever o retábulo da capela-mor da nossa Sé, (64) construído por Francisco Machado, de Landim. (65) O risco foi do grande entalhador lisboeta Santos Pacheco de Lima, que também desenhara o novo retábulo da capela-mor da catedral do Porto. (66)[93] Não é, portanto, de estranhar que Gaspar Ferreira voltasse a Viseu para fabricar, no período de Setembro de 1731 até Novembro de 1732, um grandioso cadeiral na capela-mor da Sé, duas credências entalhadas e "os pes para duas mesas de pedra estrangeira para a sacristia...de pau preto". (67) O cadeiral foi baseado no da Sé do Porto, executado, em 1726-1727, por Manuel Marques, sob o risco do eminente entalhador portuense Luís Pereira da Costa, (68) que fez retábulos, (69) credências (70) e pedras esculpidas (71) para a Igreja da Santa Casa da Misericórdia de Mangualde. A planta do recolhimento da Conceição desta vila satélite de Viseu, que data de 1732, também é atribuída a Gaspar Ferreira. Nesta mesma categoria de atribuições podemos colocar os dois púlpitos da Sé de Viseu, cujos balaústres são baseados nas grades das varandas da Biblioteca da Universidade de Coimbra.

No domínio da arquitectura este *homme à tout faire* serviu, em 1737, de mestre das obras do vasto claustro do convento francis-cano de Santa Clara de Coimbra, desenhado, segundo a tradição, pelo engenheiro militar Carlos Mardel. (72) Novamente, em 1761, desempenhou a mesma função na construção do edifício da portaria do mesmo convento, obra caprichosa de estilo *Rocaille*. (73) Deste estilo francês há também algumas sugestões nos enquadramentos

---

[93] Sobre a intervenção de Santos Pacheco no desenho da capela-mor da sé do Porto, veja-se Ferreira-Alves, N.M. (2001) - *A escola de talha portuense e a sua in-fluência no norte de Portugal* (p. 79). Edições Inapa e Ferreira S. (2002) - *A talha dourada do altar-mor da igreja de Santa Catarina, em Lisboa. A intervenção do en-talhador Santos Pacheco* (Dissertação de mestrado em História da Arte apresentada à Universidade Lusíada de Lisboa).

de janelas e portas do hospital da Santa Casa da Misericórdia, de Montemor-o-Velho, outro edifício de Gaspar Ferreira, com pitoresca escada exterior como a de Mangualde, que data de 1752-1754. (74) É-lhe atribuído por autor do século XIX o risco da Igreja da Santa Casa da Misericórdia, de Santa Comba Dão. (75)

Sendo a Biblioteca Joanina, como os paços da Universidade de Coimbra, edificada nas faldas de um alto morro, é lógico supor que os primeiros anos da sua construção fossem dedicados ao fabrico das paredes da sub-estrutura. Em Agosto de 1719 aparecem nos róis das férias as primeiras informações respeitando as fachadas do nível do pátio de entrada na "Conta da pedra que arricou (sic) por empreitada na pedreira de Outil o caboqueiro Antonio Luis o Botas":

"(...) 2 pedras para o frontispício a 480	4$800
huma pedra para sobre arcos	$480
huma verga para as janellas grandes	$480 (...)
huma pedra grossa para hum frizo	$600 (...)
8 pedras para almofadas a 480	3$860 (...)
25 pedras para simalha a 350	8$750

2 umbreiras para o portal, e duas vergas para o mesmo portal
a duas moedas de ouro cada huma e mais outras duas moedas
de outra ombreira que no caminho quebrou faz tudo soma de 48$000"

A conta, datada de 20[94] de Agosto de 1719, (76) que contem outros elementos, apresenta um total de 130$950 e representa evidentemente o ponto de partida para a construção da parte do edifício, datada de 4 de Março de 1719, contendo as principais salas. Confirma a teoria esta curiosa queixa de um operário que oferece outra referência a Gaspar Ferreira. Reza o documento que

---

[94] Corrigimos para a data correta que surge no documento. O texto de Smith refere a data de 16 de agosto.

"Dis Manuel Golsalves Correya, do Burgo de Santa Clara que elle obrigado por notificação foy com a sua junta de Bois a condusão da segunda coluna para o portico da livraria desta Universidade a que foi por condutor o Mestre Gaspar Ferreira e no terseiro dia da iornada hum Boi da sua iunta cahio com o pezo da Pedra em tal forma que cahio e cobrou os dentes sem poder comer que para isso esteve o supplicante em caza dois dias fazendo Medicamentos a ver se podia comer".[95] (77)

Continuam os róis das férias dos pedreiros nos anos seguintes de 1720, 1721 e 1722.

Há também contas do mestre serralheiro Bernardo Viela que em 22 de Maio de 1722 fez "mais quatorze gatos para a segurança da targe do portal da Livraria desta Universidade que pesaram cento e tres arrates[96] que a sessenta reis cada emporta sete mil duzentos e des reis". (78) Assim sabemos que quase dois anos e meio depois da condução das colunas, a grandiosa portada estava praticamente pronta.

Se bem que não haja referência aos telhados, a Biblioteca deve ter sido coberta e os tectos das três grandes salas instalados bem antes do dia 22 de Junho de 1723, quando as suas pinturas foram contratadas por António Simões Ribeiro e o douramento por Vicente Nunes, "mestres pintores e moradores na cidade de Lisboa na freguesia de Sam Nicolau". (79) E pouco depois, aos 28 de Agosto do mesmo ano, o pintor Manuel da Silva contratou a pintura das estantes parietais com suas varandas. (80) Os tectos estavam prontos em Abril de 1724; a pintura das estantes e talha terminou apenas em Abril de 1727. (81)

---

[95] O documento citado no texto continua, tecendo considerações sobre a avaliação do gado que andava no carregamento das pedras para a obra da Biblioteca e a forma como se deveria proceder na sua avaliação e ressarcimento aos donos dos animais, em caso de ferimentos irremediáveis dos mesmos.

[96] Medida de peso antiga equivalente a 459 gramas.

Em torno de Manuel da Silva[97] possuímos uma quantidade de notícias diversas relativas às suas obras em Coimbra e Viseu, onde, como Gaspar Ferreira, também trabalhou. Natural da cidade de Lisboa, deu entrada na Irmandade de S. Lucas, associação de pintores da capital, em 18 de Outubro de 1706. (82) O documento que lhe diz respeito não cita nem a sua idade nem morada[98], mas sabemo-lo filho de Manuel Mendes de Ataíde e de sua mulher Josefa da Conceição. Esta informação foi dada ao cura da Sé de Coimbra, quando em 15 de Março de 1710 Manuel da Silva casou, em Santa Clara "de fora desta cidade", com Jerónima Teles, também lisboeta. (83) Após uma década de silêncio, encontramos o pintor metido numa série de serviços para o cabido da Sé Velha de Coimbra, desde 1720 até 1724, que lhe trouxe em pagamento a quantia de 662$800 réis. (84) Estas actividades, ocasionadas pelo longo estado da Sé Vacante da diocese de Coimbra, desde 1717 até 1739, quando o cabido gastava à sua vontade os rendimentos da sua Mitra, correspondem modestamente às obras de Nicolau Nasoni e seus associados, no período de 1725-1736, para o cabido do Porto, também sem prelado. (85) Mas, ao invés do que aconteceu na Cidade do Douro, os resultados parecem ter sido inteiramente perdidos nos sucessivos "restauros" da catedral romano-gótica de Coimbra.

Dividem-se em bastantes categorias estes trabalhos de Manuel da Silva. Prateou e dourou uma quantidade de castiçais, tocheiros, jarras, sanefas e candeeiros, e pintou de ouro e branco o "sepulcro" da Semana Santa da Sé. "Engessou" alguns tectos, talvez para pinturas, e "envernizou" vários móveis, inclusive uma nova secção

---

[97] Sobre a vida e obra de Manuel da Silva, complementando as informações de Smith e inserindo a carreira deste mestre pintor no horizonte mais vasto das colaborações com outros artistas, veja-se Pimentel, A.F. (1996). Manuel da Silva e a difusão do barroco nas Beiras (pp. 428-455). *Oficinas regionais. Actas do VI simpósio luso-espanhol de história da arte.* Instituto Politécnico de Tomar e Santos, D.G. *op. cit.* (pp. 241-256).

[98] "Moradia" no original. Revimos para morada.

do cadeiral, certos cofres, arcas e confessionários, um grupo de bufetes, dos quais dez "de pretto", em imitação de ébano. De verde, a cor preferida para estes elementos arquitecturais, pintou portas, janelas e grades, nas salas do cabido e nos claustros, dando a onze portas fingimento de "cor de Angelim", a madeira brasileira mais empregada para portas e janelas nos mosteiros e igrejas ricas do século XVIII.

Ao mesmo tempo, Manuel da Silva praticou a arte de "charoar", ou imitar as lacas orientais, em diversos caixilhos de quadros, tábuas e obras de entalha, espalhados pelos aposentos do cabido. Citamos nove molduras "com seos filletes e folhas de acantos" e um nicho em que pintou dois ciprestes. (86)

Retratos e outros tipos de quadro também entraram na obra para os cónegos de Coimbra. Fez Manuel da Silva sete retratos de prelados e, para a casa capitular, quatro de pontífices não identificados e um do "ultimo papa", (87) juntamente com quatro painéis de "fruteiros" ou *bodegones*. Para o coro da catedral de Coimbra Manuel da Silva retratou os quatro Evangelistas.

Pintou também nada menos de 19.803 azulejos para as duas salas do cabido e ante cabido, três lanços do claustro e sua escada, todos agora desaparecidos. (88) Como trabalhava em conjunto com Agostinho de Paiva[99], o oleiro mais bem[100] conhecido de Coimbra deste período, (89) é provável que esta cerâmica fosse do tipo chamado de "albarrada", com jarras ou cestos de flores entre pares de pequenos animais ou pássaros adossados. Este foi o padrão utilizado por Paiva no seu grande revestimento do Pátio dos Gerais e Casa do Exame Privado da Universidade, terminado em 1701-1702. (90) Análogos desenhos figuram nos corredores e claustros do antigo

---

[99] Os estudos mais recentes sobre Agostinho de Paiva foram empreendidos por Santos, D.G. *op. cit.* (pp. 220-240) e Pais, A. N., Pacheco A. e Coroado J. (2007). *Cerâmica de Coimbra: do século XVI-XX.* INAPA.

[100] "melhor" no original. Revimos para mais bem.

convento Augustiniano da Sapiência, de Coimbra, (91) e também do antigo colégio de Santo António da Pedreira, da mesma cidade. (92) Semelhante decoração foi dada aos azulejos do claustro alto da Sé de Viseu, chamada de "brutesco" (93) na provisão de pagamento de 23 de Março de 1724 a favor de Manuel da Silva, (94) que trabalhando novamente com Agostinho de Paiva, (95) deve ter repetido aqui o que os dois realizaram na obra perdida para o cabido de Coimbra. (96)

Seis meses antes desta data tinha Manuel da Silva entrado ao serviço da Universidade de Coimbra, assinando o contrato de 28 de Agosto de 1723 para "o douramento das tres cazas e asim mais o douramento do oratorio das cazas do senhor Reitor desta Universidade e a pintura do teto da caza do dito oratorio em presso de sem mil reis (...)." (97) Continua o contrato, estabelecendo o ritmo dos pagamentos e especificando que a obra do oratório fosse acabada antes de 8 de Outubro de 1723. Pelos livros de receita e despesa da Universidade, sabemos que, em 6 de Novembro de 1723, Manuel da Silva, "mestre de pintor", recebeu 100$000 réis pela "obra do douramento da capella das Cazas do Senhor Reitor desta Universidade e pintura do tecto da caza do dito oratorio", (98) e novamente em 1 de Abril de 1724, foi-lhe dada a mesma quantia, "pella pintura de perspectiva do oratório das cazas do Senhor Reitor". (99) Esta foi provavelmente, como veremos, a primeira tentativa feita em Coimbra de imitar aquela *quadratura* italiana trazida uma dúzia de anos antes a Portugal pelo pintor toscano Vicenzo Bacherelli com quem Manuel da Silva pode ter estudado em Lisboa.

Desde 4 de Dezembro de 1723 (100) há notícia de pagamentos a Manuel da Silva para a pintura e para o douramento, "com toda a galhardia e primor", (101) das "estantes das cazas da Livraria", como também as tarjas das faculdades que rematam os arcos das três grandiosas salas e outros pormenores. Trabalhava aqui, portanto, coevamente com a sua actividade na capela dos reitores, empregando o tipo de pintura chamado então "charão" em Portugal e *Japanning*

Fig. 12 Cartela encimada por coroa real. Biblioteca Joanina de Coimbra.
© Nuno Antunes

Fig. 13 Pormenor de decoração de estante da Biblioteca Joanina de Coimbra.
© Nuno Antunes

na Inglaterra, de onde talvez viesse para os centros lusitanos, que consta de pequenas paisagens ou agrupamentos decorativos imitados das lacas orientais. (102) Este género de chinesice já tinha praticado Manuel da Silva na sua pintura e douramento do coro alto e órgão da Sé de Viseu, pagos em 4 de Agosto de 1721. (103) A gigantesca obra da Biblioteca, que durou três anos e meio, parece ter excluído outros serviços para a Universidade da parte do pintor.

Recomeçaram, porém, em 1727, logo depois de terminado o interior da Biblioteca, com a pintura por Manuel da Silva de oitenta e seis "varas de flores" nas paredes ou no tecto da Sala dos Actos Grandes, ou Capelos, chamada no documento a "Sala dos Reis", por causa dos retratos dos soberanos que revestem a parte superior das suas paredes. (104) Ao mesmo tempo, Manuel da Silva pintou de verde o coro da capela da Universidade e a caixa do velho órgão "dentro e fora" de "verdete", juntamente com "huns almarios grandes" e outros móveis, agora todos substituídos. (105)

No mesmo ano de 1727, Manuel da Silva, então morando na Rua da Moeda, da freguesia de S. João da Cruz, onde faleceu uma década depois, tomou o lugar do pintor Gabriel Rodrigues, que "tinha pouca perfeição da arte", no importante empreendimento de dourar a capela-mor de Santa Clara, o real convento de freiras franciscanas, pintar o seu tecto "tudo de brutesco" e dourar o púlpito, por 340 mil réis. (106) Do ano seguinte datam o douramento da "tocheira do sírio pascal" e a pintura do candeeiro das trevas e portas dos açougues da feira. (107) Em 1731 Manuel da Silva dourou e pintou o respaldo e nicho do simples arcaz da sacristia da mesma capela, (108) que data de 1694, (109) trabalho de que não resta vestígio.

Aqui acabam as notícias de Manuel da Silva, cuja carreira evidentemente culminou nas pinturas que executou para a Universidade, desde 1723 até 1727. Foi substituído no serviço da Universidade por Gabriel Pereira da Cunha, natural de Ponte de Morcela e residente na Rua das Covas, de Coimbra, (110) que em 1728 (111) e 1733

(112) dourou retábulos de igrejas pertencentes à Universidade. Em 1 de Junho de 1737, (113) ano da morte de Manuel da Silva, Gabriel Pereira contratou o douramento e a pintura da caixa do novo órgão da real capela da Universidade de Coimbra, construído, em 1732, sob a direcção de Gaspar Ferreira.

Em 14 de Dezembro de 1722 André Salgado, oficial de vidraceiro morador na Rua das Covas, contratou, pelo preço de um tostão cada palmo, "fazer todas as uidrasas que forem neseçarias para as ginellas da Caza da Liuraria e pera todas as mais partes que forem neseçarias na dita Caza da Liuraria...na forma das mais uidrasas que estão na universidade" (114) e em 30 de Abril de 1723 Bernardo Vieira deu a sua conta "112 ferros pera as quatro janelas da casa do meyo pera segurar as vidraças". (115) Em 1724, enquanto Gaspar Ferreira e os seus entalhadores acabavam as estantes da Biblioteca, um novo serralheiro chamado Manuel Francisco entregou "Dois emvestidores para duas janelas, para as redes de arame que cada huma tem". (116)

Seis meses depois, aos 10 de Fevereiro de 1725, Albano dos Reis Salgado apresentou a sua conta de 45$440 reis por uma quantidade de vidraças e seus pregos, participando, ao mesmo tempo, a morte do seu pai o vidraceiro, que ele tinha substituído. (117)

No dia 23 de Junho efectuou-se o último pagamento aos entalhadores, (118) enquanto os carpinteiros, sob a direcção do mestre Manuel Carvalho, trabalharam até ao fim do ano. (119)

O serralheiro Manuel Francisco entregou uma quantidade de machas-fêmeas, fechaduras e suas chapas e escapulas para as redes de arame, feitas por João Carvalho, "oficial de latoeiro desta Cidade". (120) No seu contrato de 16 de Setembro de 1724 chama-se também "mestre vidraceiro e morador nesta cidade na Rua de Curuche della", declarando que ele tinha arrematado "as redes pera as ginellas da caza da Liuraria desta universidade em preço cada palmo de rede de quarenta reis feita de arame de ferro a que chamão da melhor feita a malha pella medida que deu o mestre Gaspar Ferreira (...)". (121)

Fig. 14 Vidraças da Biblioteca Joanina de Coimbra antes do restauro de 1943-45. CFT001.12359. Legado Robert Chester Smith, Fundação Calouste Gulbenkian,

Num seu requerimento de 10 de Novembro de 1725, a propósito das redes, informa que "tem feito já coatro que se achão assentadas, e agora se acha com outra finda que esta prompta para se assentar (...)". (122) Queria mais dinheiro para comprar o arame.

Aos 14 de Julho de 1725 os carreiros Francisco de Figueiredo e Francisco Gonçalves pediram pagamento de quadro carradas de "pedra parda" de Portunhos para o pavimento das três salas principais da Biblioteca. (123) Datada de 22 de Setembro do mesmo ano é a factura de Bento Luís e Bartolomeu Pinheiro, caboqueiros de Portunhos, que trouxeram trinta e duas carradas para o mesmo fim, e António Cordeiro entregou mais duas em Novembro. (124)

As últimas pedras do pavimento datam de Janeiro de 1726 (125) e os últimos "emvestidores (...) para a livraria" do mês de Fevereiro. (126) Entretanto foi inaugurada a última etapa da construção da Biblioteca Joanina, que foi o acabamento da zona inferior, do qual foi encarregado o mestre Gaspar Ferreira por contrato de 2 de Dezembro de 1727, (127) servindo-lhe novamente de fiador o carpinteiro Sebastião Rodrigues, que tinha trabalhado na obra das estantes.

Baseando-se talvez nesta documentação Florêncio Barreto Feio concluiu que o edifício da Livraria foi terminado em 1728. (128) Bernardo de Brito Botelho, contudo, escrevendo em redor de 1734 da Sala dos Capelos, declarou que "se espera se acabe de todo, a magnificência da Livraria, para se fazer esta Regia Salla, mais comprida (...)". (129) Com efeito, faltavam vários pormenores.

Em 26 de Fevereiro de 1729, o latoeiro João da Costa recebeu 33$700 reis "do resto dos letreiros para as portas da Livraria". (130) Este artista, que foi provavelmente o mesmo João da Costa, "mestre latoeiro morador na rua de cruche", que em 1724 fizera "huma croa emperial e huma esfera de latam pera a figura que esta na escada da Livraria desta Universidade (...)", (131) aparece novamente, em 8 de Março de 1733, como executante da última parte das "redes da Livraria e outras cousas", (132) em substituição, como parece,

Fig. 15 Pavimento da Biblioteca Joanina. CFT001.12386. Legado Robert Chester Smith, Fundação Calouste Gulbenkian, Biblioteca de Arte e Arquivos, Lisboa.

Fig. 16 Pormenor das ferragens da porta principal da Biblioteca
© Sílvia Ferreira

do mestre João Carvalho. Foram-lhe dados 8$240 reis apenas. De 12 de Abril de 1742 data o pagamento de 24$000 reis ao pintor José de Sousa, de Coimbra, "(...) que elle dourou toda a ferragem da porta da Caza da livraria desta Universidade (...)". [101] (133) Foram incluídas, sem dúvida, a chapa do letreiro, de João da Costa, a grossa pregaria e talvez aquelas "duas Gualdras[102] (sic) e dois escudetes para as portas da Livraria da Universidade douradas". Foram estas, que devem ser a aldabra e o espelho da fechadura, entregues em 1728 a Gaspar Ferreira, na sua qualidade de mestre das obras, por João Carvalho, que pediu que lhe fossem pagos 4$400 reis, "porque he homem pobre e nessessitta do emporte". (134)

Entretando[103], agindo com a sua habitual largueza, D. João V utilizou os seus enviados diplomáticos em diversas cortes da Europa para a aquisição de bibliotecas inteiras, como aquela do poeta, humanista e pregador jesuíta Charles de la Rue, em Paris em 1725. (135) Nos anos seguintes de 1726 e 1727 o diplomata D. Luís da Cunha (136) investigou grandes bibliotecas inglesas e belgas, tomando notas e fazendo rascunhos, agora aparentemente perdidos. (137) Vieram manuscritos antigos de Londres (138) e, em 1729 e 1730, quase quatro contos de réis foram entregues ao Cardeal Mota para a compra de livros, provavelmente em Roma. (139) Outros dois despacharam-se para Amesterdão com a mesma finalidade. (140)

Apesar, contudo, de todos estes esforços, parece que em 1741 a Biblioteca ainda estava desprovida de livros. (141) O orçamento anual de 100$000 réis para a compra de livros, ocasionalmente dobrado, foi mantido até ao ano de 1750, (142) quando, no fim do seu longo reinado, D. João V fez saber, pela sua provisão de 8 de Abril, que "Hey

---

[101] O texto refere "de dourar a ferragem da porta da casa da Livraria e outras cousas", citação que não está conforme o documento. Revimos para a citação correta.

[102] Deverá referir-se a aldabras.

[103] "No entanto" no original. Revimos para Entretanto.

Fig. 17 Retrato de D. Luís da Cunha,
in *Memórias da Paz de Utrech oferecidas a El Rey N. S. por D. Luís da Cunha seu embaixador*. In https://purl.pt/23773/1/index.html#/12/html

Fig. 18 Armas do Cardeal da Mota https://purl.pt/12417/2/

por bem que dos sobejos das rendas da Universidade se empreguem mais sincoenta mil cruzados em Livros para a dita Livraria". (143)

Sem revelar as suas fontes Barreto Feio calculou em 66:622$129 réis a despesa total de construção e decoração da Biblioteca da Universidade de Coimbra. (144) Por alta que a soma pareça, foi insignificante em comparação com as vastas quantias de dinheiro que custaram o real monumento de Mafra e as obras joaninas de Lisboa – o aqueduto das Águas Livres e a Igreja Patriarcal, derrubada pelo terramoto de 1755. (145) O preço elevado da Biblioteca parece-nos justificado, quando se considera a importância da sua planta, que lhe garante um lugar destacado na história mundial das bibliotecas, como também a beleza dos seus interiores, entre os mais distintos do gosto barroco que sobreviveram em toda a Europa.

Com a chegada dos livros do estrangeiro e a entrada dos outros adquiridos no País, a biblioteca da Universidade de Coimbra, nunca visitada pelo rei fundador, ficava, todavia, fechada. As chaves foram entregues em 1745 ao síndico da Universidade, o bacharel António de Sousa Azevedo, para "cuidar na limpeza e reparos della." (146) Ajudado por dois moços "para por e tirar os livros, e para a limpeza dos bofetes e das estantes", (147) Azevedo trabalhou durante cinco anos inteiros "apeando das estantes todos os livros que alli se achavam em montão, cheios de muito pó, e também de ninhos de andorinhas que entravam pelas vidraças, que estavam desbaratadas". (148) Este estado incrível de negligência vem repetido em várias descrições, aliás raríssimas, de outras bibliotecas portuguesas setecentistas. (149) Ao mesmo tempo, o síndico António de Azevedo fazia os primeiros catálogos, segundo as faculdades que então havia, abrindo "as portas da livraria, com a devida cautela, a muitas pessoas graves, que acompanhava e lhes mostrava o que havia naquela casa". (150)

Com a biblioteca assim tratada de museu de curiosidade, ficando meio aberta e meio fechada, chegou a altura das reformas pombalinas, quando em 1772, o primeiro-ministro de D. José veio pessoalmente a Coimbra com o fim de modernizar a Universidade com novos estatutos e um programa de novas construções e alterações das antigas. Autorizado pela carta régia de 28 de Agosto de 1772, o Marquês de Pombal chegou no dia 22 de Setembro (151) e trabalhou com o reitor D. Francisco Lemos de Faria Pereira Coutinho (1770-1779) (152) até à sua partida, em 24 de Outubro do mesmo ano.

Veio depois, na Primavera de 1773, de Lisboa, Guilherme Elsden, tenente-coronel de infantaria com exercício de engenheiro, acompanhado do seu filho Guilherme Francisco e o Capitão Isidoro Paulo Pereira, também engenheiro, a fim de "delinear as Obras desta Universidade". (153) Seguiu-se um período de dois anos de intenso trabalho durante o qual foi projectado em desenhos magistrais um grande horto botânico, os novos edifícios do laboratório químico e tipografia académica, o arranjo do antigo colégio dos jesuítas para as ciências naturais e o do Real Colégio das Artes para o hospital da Universidade. (154) Tudo foi executado entre 1773 até 1777 por uma equipa de artífices lisboetas, (155) inclusive o mestre pedreiro Eusébio Vicente, (156) o mestre carpinteiro e entalhador Manuel Alves Macamboa, destinado a ser mestre das obras da Universidade, (157) e seis oficiais, o carpinteiro Joaquim de Carvalho (158) e os pedreiros Rodrigo de Carvalho[104], Joaquim Inácio (159) e Dionísio Ferreira (160), o mestre ferreiro Pedro Pincel (161) e António Machado, escultor. (162) Fizeram-se fábricas de telha e outros géneros e estimulou-se uma grande produção de azulejaria, em que se distinguiram pintores como Manuel da Costa Brioso (1719-1783). (163) Nestes anos de reformas pombalinas as salas universitárias tornaram-se um verdadeiro museu da cerâmica coimbrã de estilo *Rocaille*.

Dentro do recinto do velho terreiro da Universidade, efectuaram-se, na época de 1772-1775 as notáveis reformas do seiscentista Pátio

---

[104] Por lapso, Robert Smith identifica o pedreiro Rodrigo Carvalho, como carpinteiro. Revimos para pedreiro, a profissão com que é referido no documento.

dos Estudos Gerais, sob a direção de Manuel Alves Macamboa, e o próprio edifício quinhentista dos Paços da Universidade, contendo a grande Sala dos Capelos, ampliada em 1741 e nos anos a seguir, (164) a residência dos reitores. Este prédio, como explica Teófilo Braga, estava "tudo dividido sem comunicação interior que desse serventia a todas as suas partes". (165)

Para rectificar a situação, foram-lhe dadas varandas nas fachadas exterior e interior, esta comunicando com o Pátio dos Gerais e o próprio terreiro, novas escadas e passagens internas e toda uma série de casas de serviço. (166)

Durante o mês da sua estadia, o Marquês Visitador preocupou-se também com os outros edifícios do terreiro, mormente a capela e a Biblioteca Joanina, ainda fechada, ocupando o lado norte contíguo ao Pátio dos Gerais. Insatisfeito[105] com a forma destas construções, Pombal declarou, numa ordem dada em 17 de Outubro de 1772:

"tendo visto a impropria situação da Real Cappella da Universidade e da Livraria della, cuja pequenez nem corresponde ao número de Livros de todas as Sciencias, e Artes, que deve formar o Corpo da Biblioteca Academica: E tendo visto ao mesmo tempo as sobreditas Capella Real, e Livraria com as portas no Patêo, como se fossem Logens de alguns Particulares, expostas às injurias do tempo, e às muitas indecências inevitáveis em cazas terrenas, cujas portas devem estar abertas para della se fazer o Uso, a que são destinadas: Com estes justos, e urgentes motivos: Hey por serviço de Deos, e de sua Magestade, que as mesmas Capella Real, e Biblioteca sejam logo reedificadas pela Planta e Prospecto della por Mim assignados, que serão com esta pro-visão, debaixo da Inspecção do Reytor da mesma Universidade (...)". (167)

---

[105] No original: "Dissatisfeito". Revimos para "Insatisfeito".

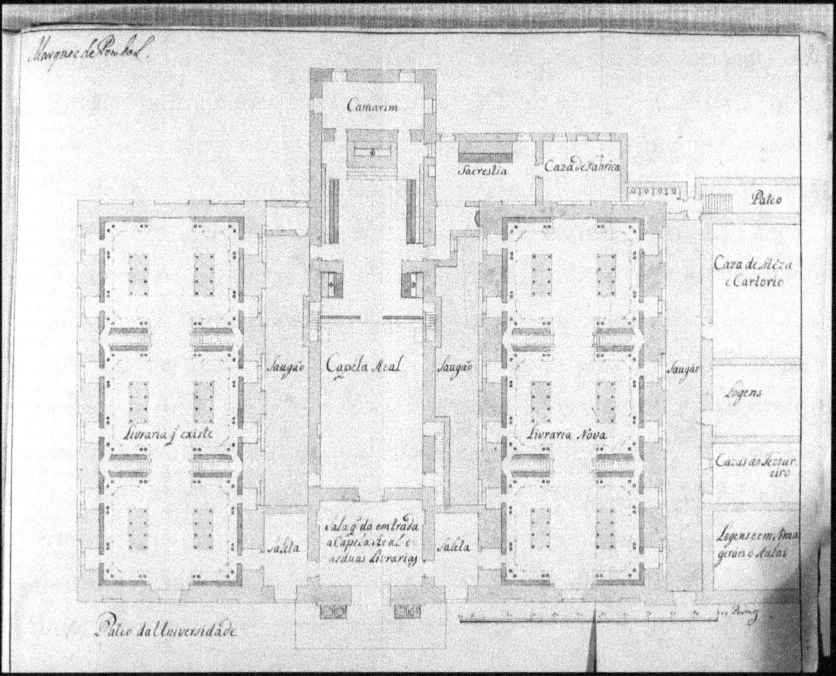

Fig. 19 Planta da reedificação da Biblioteca Joanina e da Capela Real. CFT001.12497. Legado Robert Chester Smith, Fundação Calouste Gulbenkian, Biblioteca de Arte e Arquivos, Lisboa

Fig. 20. Desenho do prospeto da nova fachada da Biblioteca Joanina e da nova Biblioteca "Josefina" AUC

A planta (168) e o prospecto, (169) assinados por Pombal, mostram precisamente o que esta reedificação significava. Propunha-se deitar abaixo a capela de D. João III, que corre paralelamente ao terreiro, ou pátio, da Universidade, no sentido norte-sul. No seu lugar erguer-se-ia outra capela, posta no eixo contrário leste-oeste e precedida dum portal monumental dando acesso a um vestíbulo ou sala de entrada, cuja falta foi notada na ordem de 16 de Outubro de 1772. Este elemento, que tornaria possível abrir as portas ao público, pelo menos no sentido físico, ia dar ingresso também à Biblioteca, dividida agora em duas secções iguais, mediante a construção de um novo edifício igual em tamanho à Biblioteca Joanina, que ia flanquear a nova capela do outro lado, dobrando-se assim o espaço para livros. A planta mostra que a "livraria que existe" e a sua gémea "Livraria Nova" teriam duas saletas comunicando, aos dois lados, com a sala de entrada da capela, e introduzindo, embora obliquamente, o elemento protocolar do vestíbulo ou ante-sala.

Sacrificar-se-ia, porém, a grandiosa portada joanina da Biblioteca de 1716-1728, porque a planta e prospeto oferecem apenas duas filas de oito janelas muito simples na fachada principal. No meio delas abre-se um arco ladeado por duplas colunas jónicas sobre altas bases sustentando um frontão triangular. Nesta composição austera o arquitecto Elsden repete textualmente um dos formulários classicizantes da renovação pombalina da arquitectura da Cidade Baixa de Lisboa, expressados nos edifícios do Arsenal da Marinha, (170) e Celeiro Público de Lisboa (171) e o arco primitivo da Praça do Comércio. (172) As plantas não indicam a decoração dos interiores, mas é lógico supor que a magnífica talha do edifício joanino seria substituída, como em tantas igrejas da mesma época reconstruídas na época pombalina por uma banal disposição de painéis combinando elementos "palladianos" e do rococó, revestidos de pinturas imitando mármores de diversas cores. (173) Existe, com efeito, no Arquivo da Universidade, um orçamento sem data do pintor António

José Pinheiro para pintar "a obra da livraria (...) corpos das estantes, varandins, etc. cor de pérola e pedras fingidas". (174)

O reitor D. Francisco de Lemos, a quem se confiou a execução do projecto aprovado por Pombal, não podendo aceitar a ideia de perder a capela secular resolveu deixar as coisas andarem, sem tomar acção definitiva. "Sendo as ditas Obras de grandes despezas", ele depois escreveu

> "e havendo necessidade maior de outros Estabelecimentos, suspendi até o presente as ditas obras. E averiguando interinamente o melhor meio de remediar-se o defeito da caza da Livraria, e de ampliar-se este Edifício sem se bulir da Capella, achei que o meio mais conveniente era o que consta da planta (...) o qual fiz ver ao Marquez Visitador, e não tive resposta a este respeito". (175)

Assim se salvaram os dois edifícios.

Renunciado o projecto de derrubar a capela e a Biblioteca Joanina, D. Francisco de Lemos então propôs, em 3 de Setembro de 1773, a transferência da cadeia da Universidade para "as casas que ficam por baixo da actual Livraria". Aprovada sem demora um mês mais tarde, "por não haver coisa mais ridícula do que apresentar-se no vestibulo do bello Sallão da Universidade huma indigna e tão sordida enxovia", (176) a cadeia foi tirada do edifício dos paços da Universidade, onde funcionava, e instalada no porão da Biblioteca Joanina, ficando naquele lugar até 12 de Julho de 1855, quando foi transferida para o ex-colégio de S. Boaventura. (177)

No dia 9 de Outubro de 1774, a Biblioteca foi finalmente franqueada ao público, apesar de não estar "totalmente acabado o seu arranjo interior". (178) A acção foi confirmada por D. Maria I, que em 1777 nomeou o primeiro bibliotecário, Dr. António Ribeiro dos Santos. Ele serviu neste lugar até 1796, quando passou a ser o primeiro diretor da recém-criada Biblioteca Pública de Lisboa. (179)

Sucederam-lhe os doutores Ricardo Raimundo Nogueira e Joaquim dos Reis e, em 1814, Dr. António Honorato de Caria e Moura, grande matemático, que passou vinte anos no cargo. (180) Foi ele que, em meados de Abril de 1815, instituiu as últimas obras importantes na Biblioteca até aos desastrosos "restauros" do século XX.

Dirigindo-se a estas actividades, o historiador da Biblioteca, Florêncio Barreto Feio, chamou-lhes "obras de alvenaria e de cantaria, grades de ferro, portas, janellas, estantes, pinturas, e bambinelas". (181) Declarou que continuaram até 18 de Julho de 1818 e, "custando muitos mil cruzados, serviram de concluir o que faltava". (182)

Quais foram os trabalhos realizados pelo Dr. Caria e Moura? Segundo Barreto Feio, uma das finalidades foi a construção de uma passagem externa ao nível das janelas do norte, ligando a Biblioteca com o resto do complexo universitário. (183) "Por meio d´um éroximo (sic) terraço estreito, mas comprido e proprio para passeio, formado de enxelhares de cantaria, e goarnecido de grades de ferro dos lados", (184) tornou-se possível a comunicação imediata entre a Biblioteca e a capela. Esta espécie de *galérie coursière*[106], da qual se desfrutam esplêndidas vistas do rio Mondego e da zona de Santa Clara, veio a ser considerada uma das grandes curiosidades da Biblioteca, sendo as outras, segundo J. M. Teixeira de Carvalho, a cadeia, o medalheiro e o tecto pintado da última sala. (185) Destas obras também data o actual patim, composto de seis degraus de pedra de Outil, contratado com Bento Elias, em 15 de Fevereiro de 1817. (186)

No interior do monumento houve uma reforma dos doze gabinetes de trabalho, que circundam as três salas de leitura, instalando-se em cada um novas estantes de livros. (187) Nas portas dos gabinetes foram colocadas vidraças do meio para cima e "portas embutidas" nos pés direitos dos dois arcos, a cada lado, onde existem estreitas

---

[106] Em francês no original.

Fig. 21. Antigas instalações da prisão da Universidade.
© Sílvia Ferreira

escadinhas conduzindo às galerias das estantes superiores. Não se sabe se foram substituições de portas anteriores ou se estas aberturas vieram a ser tapadas pela primeira vez, o que parece pouco provável.

Reformaram-se também as janelas do lado oeste da Biblioteca com caixilhos de ferro como protecção contra as tempestades vindas do mar. Diz Barreto Feio que os novos caixilhos substituíram outros de madeira, (188) que devem ter sido introduzidos na segunda metade do século XVIII, quando se costumava abolir as velhas redes de arame como aquelas dadas às janelas da Biblioteca na altura da sua construção. Os caixilhos de ferro, posteriormente aplicados às seis janelas do lado sul, como também as grades da passagem de ligação exterior do outro lado, foram executados por José Francisco Correia, "antigo serralheiro da universidade". (189) Só ficaram as primitivas redes de ferro da fachada do lado norte, provavelmente por serem estas janelas protegidas por uma construção contígua, hoje derrubada.

Estas obras de 1815-1818 deram as últimas alterações significativas ao edifício da Biblioteca Joanina antes daquelas iniciadas na década de 1940 pelo Ministério das Obras Públicas, que tão seriamente descaracterizaram o exterior do monumento[107]. Nestas obras arbitrárias de falso restauro, foram tirados, como veremos, os belos tríglifos e as cartelas da fachada sul, cujo desenho profundamente original tanta falta fazia para dissipar a monotonia inerente na alta composição. Esta, em contrapartida, foi consideravelmente aumentada pela introdução, da parte dos arquitectos dos Monumentos Nacionais, de grossos cunhais angulares, pilastras, molduras e cintas nunca

---

[107] Em 1932, a Direção Geral dos Edifícios e Monumentos Nacionais começou a delinear a sua intervenção no interior da Biblioteca, com o objetivo de recuperar as pinturas do teto, restauro que seria entregue ao pintor Joaquim Lopes, em 1934. A consolidação e substituição da talha arruinada de sanefas, molduras e cimalhas foi entregue no mesmo ano ao mestre de obras, António Simões Mizarela. Cf. Raggi, G. (2018). À conquista da sabedoria: a pintura de quadratura e o programa iconográfico da Biblioteca Joanina. *Boletim da Biblioteca Geral da Universidade de Coimbra*. 48, 83-89.

Fig. 22 Vista da fachada principal e sul da Biblioteca Joanina antes da intervenção da Direção Geral dos Edifícios e Monumentos Nacionais (DGEMN) (1943-1945). CFT001.45976f. Legado Robert Chester Smith, Fundação Calouste Gulbenkian, Biblioteca de Arte e Arquivos, Lisboa

Fig. 23 Vista da fachada sul da Biblioteca Joanina antes da intervenção da DGEMN (1943-1945). CFT001.40554f. Legado Robert Chester Smith, Fundação Calouste Gulbenkian, Biblioteca de Arte e Arquivos, Lisboa

Fig. 24 Desenho da fachada lateral da Biblioteca Joanina antes da intervenção da DGEMN. CFT001.12503. Legado Robert Chester Smith, Fundação Calouste Gulbenkian, Biblioteca de Arte e Arquivos, Lisboa.

Fig. 25 Desenho da fachada lateral da Biblioteca Joanina depois das intervenções da DGEMN. CFT001.12494. Legado Robert Chester Smith, Fundação Calouste Gulbenkian, Biblioteca de Arte e Arquivos, Lisboa.

Fig. 26 O edifício da Biblioteca Joanina em 1974. CFT001.26486. © Robert C. Smith. Legado Robert Chester Smith, Fundação Calouste Gulbenkian, Biblioteca de Arte e Arquivos, Lisboa.

existentes no edifício, os quais reduzem a sua fachada meridional a um brutal xadrez de janelas, janelões e painéis[108].

A Biblioteca Joanina, que desde a sua construção em 1716-1728, tinha funcionado como biblioteca principal da Universidade de Coimbra, perdeu esta distinção com a abertura ao público do edifício da nova biblioteca geral, em frente à Faculdade de Letras, no dia 29 de Março de 1962. Desde aquela data a Joanina, utilizada para consultas especiais, tem sido mantida intacta, como o magnifico museu que é da mais rica e madura fase barroca da talha civil portuguesa.

Notas

(1) A Universidade de Coimbra, a mais antiga das portuguesas e uma das mais vetustas da Europa, foi fundada em Lisboa no fim do século XIII. Passou primeiro para Coimbra em 1308, voltando a Lisboa em 1338. Em 1356 houve nova transferência para Coimbra, mas apenas por vinte e um anos. Residiu a Universidade na capital desde 1377 até 1537, quando D. João III a instalou permanentemente em Coimbra, Teófilo Braga, *História da Universidade de Coimbra*, especialmente os capítulos II e III, do volume I.

(2) António José Teixeira, "Livraria da Universidade", *O Instituto*, 2.ª série, vol. XXXVII, 1889-1890, pp. 305-312. https://digitalis-dsp.sib.uc.pt/institutocoimbra/UCBG-A-24-37a41_v037/UCBG-A-24-37a41_v037_item1/UCBG-A-24-37a41_v037.pdf.

(3) *Idem*.

(4) Serviu de bispo do Porto apenas desde 1573 até 1578.

(5) Florêncio Mago Barreto Feio, *Memória Histórica e Descriptiva à cerca da Biblioteca da Universidade de Coimbra*, Coimbra, 1857, pp. 10-11.

(6) António José Teixeira, *op. cit.*,

(7) Reitor da Universidade desde 1597 até 1605, arcebispo de Lisboa em 1627, faleceu em 1630.

(8) Florêncio Mago Barreto Feio, *op. cit.*

---

[108] A documentação referente ao processo de obras de restauro dos anos 40 no Paço das Escolas da Universidade de Coimbra referente à Biblioteca Joanina, encontra-se em Direção-Geral do Património Cultural - Forte de Sacavém, *DRMC-241-266*, "Estimativa das obras da Biblioteca da Universidade de Coimbra".

(9) Filho do impressor António de Mariz, foi autor dos *Diálogos de Vária História em que summariamente se referem muytas cousas antíguas...com Retratos de Todos os Reis de Portugal,* Coimbra, António de Mariz, 1594 e outras obras de história nacional. Provavelmente escrivão do arquivo da Torre do Tombo, foi corretor da imprensa da Universidade e provedor perpétuo do hospital da vila de Castanheira. Sobre Pedro de Mariz, veja-se Carvalho, J.M.T. (1914). Pedro de Mariz e a Livraria da Universidade de Coimbra. *Boletim bibliográfico da Biblioteca da Universidade de Coimbra.* 1, 389-398 e, recentemente, Almeida, A. J. op. (2005). A mobilidade do impressor quinhentista Pedro de Mariz (pp. 59-68). In Natália, M. F-A. (ed.). *Artistas e Artífices e a sua mobilidade no mundo de expressão portuguesa: actas do VII Colóquio Luso-Brasileiro de História da Arte.*

(10) Florêncio Mago Barreto Feio, *op. cit.*, p. 10.

(11) António José Teixeira, *op. cit.* Dos *Estatutos* de 1597, sabemos que o guarda devia ser "bom latino" e "saber Grego, e Hebraico, sendo possível" e ter "conhecimento dos livros para os saber ordenar, e dar razão deles". Devia manter o livro do inventário ou catálogo, e prover duas sessões de leitura por dia, de manhã das oito até as onze, e, à tarde, desde as quinze até as dezoito horas. Sentado numa "cathedra bem alta na dita Livraria", o guarda devia ter "boa vigia sobre todos os livros pera que se não furtem, nem sejão mal tratados". Devia também exigir, por notícia escrita, na porta da Biblioteca, que nenhum dos "lentes, estudantes, e quaesquer pessoas outras que entravam na dita casa...tire livro algum nem ponha cottas, e quando se forem os cerrem com todas as brochas que os livros tiverem: e assi que não falem huns com os outros, de maneira que torvem os que estiverem estudando". Os respectivos Estatutos dão ao guarda a responsabilidade da limpeza da biblioteca e requerem uma visitação no princípio de Agosto pelo reitor e principais lentes das faculdades, *ibidem* pp. 307-308

(12) Arquivo da Universidade de Coimbra (AUC), *Registo das Leis, Decretos, Portarias e Mais Artigos de Legislação Relativos à Biblioteca da Universidade,* fl. 4. Cota atual: AUC-IV-1.ª- E-1-2-7.

(13) Reitor da Universidade, 1639-1659.

(14) António José Teixeira, *op. cit.*

(15) AUC, *Registo das Leis (...),* fl. 4. Cota atual: AUC-IV-1.ª- E-1-2-7.

(16) Reitor da Universidade. 1694-1702. Natural de Lisboa, foi filho de Manuel Teles da Silva, marquês de Alegrete, e de D. Luísa Coutinho, deão de Lamego, e cónego doutoral de Braga. Faleceu em 1703.

(17) Vergílio Correia, "Obras Antigas da Universidade" in *Obras,* Coimbra, vol. I, 1946, pp. 142-149.

(18) Pe. António Carvalho da Costa, *Corografia Portugueza e Descripçam Topografica do Famoso Reyno de Portugal,* 2.ª edição, Braga, 1868-1869 vol. II, p. 15. O autor louvou em particular as "duas della bibliotecas insignes, dos colégios de N. Senhora da Graça, dos agostinhos descalços e da Companhia de Jesus". Esta citação, que Robert Smith faz, não está correta, sendo a exata a seguinte: "Tem muitas Bibliotecas, & duas dellas insignes, que são as dos dous Collegios de N. Senhora da Graça, & da Companhia".

(19) *Idem, op. cit.*

(20) Filho do marquês de Alegrete e de D. Helena de Bourbon e sobrinho do doutor canonista Nuno da Silva Teles, reitor em 1694-1702, Universidade de Coimbra,

Memórias da Universidade de Coimbra Ordenadas por Fr. Carneiro de Figueiroa, Coimbra, 1937, pp. 154-155, serviu no triénio de 1715-1718 (*ibidem*, pp. 160-161). Sobre a escolha dos reitores escreveu António Carvalho da Costa "(...) sempre he pessoa Ecclesiastica, & de grande qualidade, approvada em virtude, & letras; cujo officio he triennal, conforme o estatuto, ainda que Sua Magestade o costuma prorogar até que seja provido em algum Bispado", *Corografia Portugueza e Descripçam Topografica do Famoso Reyno de Portugal,* 2.ª edição, vol. II, p. 11.

(21) Declaração de 15 de Janeiro de 1707.

(22) Francisco Carneiro de Figueiroa, *op. cit.,* pp. 160-161, *Registo de Leis,* fl. 4.

(23) Elmer D. Johnson, *A history of libraires in the western world,* Nova Iorque e Londres, 1965, p. 161. Existem várias reedições desta obra, sendo a última de 1999.

(24) [109] AUC. *Livro de Alvarás, Cartas e Provisões Régias,* Vol. 4 (1616-1746), fl. 43. Cota atual AUC. IV-1.ª- D-3-2-26.

(25) Reitor da Universidade, 1719-1722.

(26) Legista, natural do Porto, filho de João Figueiroa Pinto, contador da fazenda de Sua Magestade, e de D. Maria Carneiro de Barros. "Collegial de S. Pedro, Lente de Codigo, Dezembargador dos Aggravos, Conego Doutural de Vizeu, da Guarda e do Porto, Deputado do Santo Officio e Inquizidor em Lisboa, e hé Deputado do Conselho Geral e Conego da Sé de Lisboa, foy provido por Sua Magestade no lugar de Reitor por Provisão de 21 de Outubro de 1722 e tomou posse e juramento em 17 de Dezembro do dito ano", Francisco Carneiro de Figueiroa, *op. cit.,* pp. 162-165. Morreu no Porto em 1744, ainda reitor da Universidade de Coimbra.

(27) Augusto Mendes Simões de Castro, *Guia Historico do Viajante em Coimbra,* Coimbra, 1880 (2.ª edição), citado por José Ramos Bandeira, *Universidade de Coimbra,* Coimbra, 1943, vol. I, p. 140. Segundo Carvalho da Costa havia 52 lentes, obra cit., vol. II, p. 9. Bernardo de Brito Botelho, escrevendo em redor de 1734, contou apenas trinta da Universidade e mais vinte e dois do Real Colégio da Companhia de Jesus, *Historia Breve de Coimbra,* Lisboa, 1873 (2.ª edição), p. 50.

(28) Este contrato, publicado primeiro pelo Cónego Prudêncio Quintino Garcia, *Documentos para as Biografias dos Artistas de Coimbra,* Coimbra, 1923, pp. 352-356, foi republicado em forma mais completa e inteiramente revista por Manuel Lopes de Almeida, *Artes e Ofícios em Documentos da Universidade,* Coimbra, vol. II, 1971, pp. 294-301.

(29) O projecto do grandioso mosteiro é de Frei João Turriano, da Ordem de S. Bento e engenheiro-mor de Portugal, sendo o primeiro mestre das obras Domingos de Freitas. Lançou-se a primeira pedra em 3 de Julho de 1649, entrando as freiras em 1677. A igreja, dedicada a Santa Isabel, foi terminada em 1696, Vergílio Correia e A. Nogueira Gonçalves, *Inventário Artístico de Portugal. Cidade de Coimbra,* vol. II, Lisboa, 1947, pp. 75-78.

(30) Em 12 de Agosto de 1721, este carpinteiro assinou contrato para fazer reparos na casa do vigário de Alvorge, cuja igreja pertencia à Universidade, Manuel Lopes de Almeida, *op. cit.,* vol. II, pp. 368-373.

---

[109] A cota no texto original não está correta, pois refere: *Registo das Leis.* Revimos para a referência arquivística correta.

(31) [110] AUC. Biblioteca, *Livro de Registo de Receita e Despesa de Obras*, Vol. 1 (1717) a Vol 11 (1728). Cota atual AUC-IV- 1º - E-1-2-8 a 16.

(32) [111] AUC. *Construção da Biblioteca Joanina. Férias e Materiais* (1717-1728). Cota atual: IV- 1.ª E- 1-13 a IV- 1.ª- E-1-2-5

(33) [112] *Idem*. 1717-1718. Cota atual: AUC-IV-1.ª- E - 1-1-13.

(34) *Idem, ibidem.*

(35) *Idem, ibidem*

(36) "Lembrança da Areia que veio de Lisboa dos gastos que fes

o dono da pedreira 7200

o careiro por 12 caradas 3020

os homens que arrancarão a dita areia 1200

a duas fragatas que levarão para o yate 1200

os gallegos que a tirarão da caza para as fragatas.............. 240

duas caixas de Tintas para o emgeneiro 720

Hum Baril de pergos (sic)... 9420

o galego que os levou para bordo 100

despolha da areia... 900

Frete para o iate.. 960"

Idem, ibidem.[113]

(37) *Idem, ibidem.*

(38) Há rapazes que trabalharam por 60, 70 e 80 réis por dia e todos os nomes são citados. *Idem, ibidem.*

(39) As cifras variam entre 20.000 e 50.000 homens durante a época de construção mais intensa, 1717-1730, Robert C. Smith, "The Building of Mafra", *Apollo,* Abril, 1973, pp. 366-367.

(40) AUC, *Construção da Biblioteca Joanina*, **Cx. 1,** *Férias e Materiais* (1717-1718). Cota atual: AUC-IV-1.ª- E-1-1-13.

(41) "Diz Manoel Lopes Barqueiro do lugar da Carvoeira, termo da vila de Penacova que elle suplicante foi notificado à ordem de V.ª mercê para effeito de hir buscar alguma Madeira de Foz Dão[114] para esta Universidade e com effeito deu duas viagens. E destas lhe não paguarão senão de huma vez a 1800 e da outra a 1500 reis, athe com effeito se lhe acabar de paguar o que racionauel for e por que

---

[110] No texto refere apenas: "Encontram-se no AUC". Introduzimos a referência arquivística completa.

[111] No texto menciona-se: *"Idem"*. Introduzimos a referência arquivística correta.

[112] No texto menciona-se: *"Idem, Ibidem,* Caixa 1". Introduzimos a referência arquivística correta.

[113] Não foi possível localizar este documento no AUC.

[114] No texto: "Tobim". Revimos para Foz Dão, como refere o documento.

elle supplicante he homem pobre e necessita muito de se lhe acabar de paguar pois a dita quantia assima lhe não chegou para elle supplicante acabar de paguar, aos homens que elle tras na sua barca", *ibidem, idem*. (Abril a Dezembro) Cota atual: AUC-IV-1.ª E-1-1-14. documento de 18 de Junho de 1718.

(42) *Idem, ibidem*.

(43) Sandelgas.

(44) AUC, *Construção da Biblioteca,* Cx. 2 (Abril a Dezembro). Cota atual: AUC-IV-1.ª E-1-1-14.

(45) "Feria que principia em 29 de Agosto de 1718 finda em 3 de Setembro

Mestre Gaspar Ferreira 6 500

Caetano da Silva 5 300

Domingos Antonio 4 300

Jacinto de Araújo 6 240

Jeronimo de Moraes 3 240

João Correia .... 6 .... 240"

Idem, ibidem. Cx. 2. (abril a dezembro). Cota atual: AUC-IV-1.ª E-1-1-14.

(46) *Idem, ibidem*, Cx. 5 (1723-1724). Cota atual: AUC-IV-1.ª E-1-2-1.

(47) *Idem, ibidem*.

(48) *Idem, ibidem*.

(49) *Idem, ibidem*.

(50) "Em vinte de Outubro de mil, setecentos, secenta e dois faleceu com todos os sacramentos Gaspar Ferreira viuvo que ficou de Violante Teixeira, e agora casado com Joaquina Luiza foi sepultado na capella da Senhora da Conceição de São Francisco da Ponte, para aonde foy levado no esquife da Ordem 3.ª e amortalhado no habito de São Francisco teria de idade setenta e tres anos fes testamento no qual deixou sua mulher por testamenteira e que eu fis, este termo que assigney, era ut supra o Cura Francisco da Cruz , AUC, freguesia de S. João da Cruz, *Livro de Óbitos,* 1748-96, fl. 53. Cota atual: 1707-1795. AUC III – 2.º-D-3-5.

(51) "Em dous de Setembro de Setecentos e vinte baptizei a Thomas filho de Bernardo Joam e homem de vara dos estudantes, e de sua mulher Maria Francisca foram padrinhos Thomas Antonio estudante e Violante Teixeira, mulher de Gaspar Ferreira entalhador, e por verdade fis este que assignei tocou por ela João da Costa Marinho de Santa Cruz. O Cura Antonio Gomes Carvalho, AUC *Tomo 2 dos Baptizados da Igreja do Real Mosteiro de Santa Cruz, 1626-1726,* livro 6, fl. 89. Havia outro Gaspar Ferreira em Coimbra nesta época, com ofício de solicitador de Santa Cruz, *Idem, ibidem,* fl. 88.

(52) Alexandre Alves, "A Santa Casa da Misericórdia de Mangualde", *Beira Alta*, vol. XVIII, 1959, pp. 29-61.

(53) Informação inédita tirada do Arquivo Distrital de Viseu por Alexandre Alves, que tão generosamente me autorizou a referência.

(54) Manuel Lopes de Almeida, *op. cit.,* vol. II, p. 431. No contrato de 25 de Fevereiro de 1722, do pedreiro José Rodrigues, de Alvorge, para ampliar a residência do

vigário deste lugar, são citados os "apontamentos que se auiam feitos pelo Mestre Gaspar Ferreira (...)", *ibidem*, vol. II, p. 375.

(55) O contrato declara que Gaspar Ferreira "estaua ajustado e comtratado com esta universidade a fazer a obra que falta fazer ce nas cazas que ficam por baixo da liuraria desta universidade em preço e contia de sento e nouenta e dois mil reis na forma dos apontamentos que pera isso tinha feito e por elle assignados e assim mais estaua ajustado de fazer o Candieiro das treuas feito pello feitio do da se ... perfeito e acabado em preço de dezanoue mil e duzentos reis e assim requeria a elles Senhores Reitor e deputados lhe mandassem fazer escritura de obrigasam pera mais segurança desta universidade e de sua obra por este publico instromento deram por arrema digo deram por ajustada a dita obra no dito preco de sento e nouenta e dois mil reis e assim mais o Candieiro das treuas em dezanove mil e duzentos...". *Ibidem,* vol. III, 1974, pp. 45-47.

(56) Este contrato fala em apenas "a obra que nesecita fazerce no arco da porta ferria desta universidade em preco e coantia de sem mil reis na forma dos apontamentos que pera isso tinha feito e por elle assignados (...)". *Ibidem* vol. III, pp. 48-50. Desenhado por António Tavares em estilo serliano, o arco foi edificado no reitorado de D. Álvaro da Costa (1653-1637) por Isidro Manuel empreiteiro, sendo as estátuas alegóricas de Manuel de Sousa, Vergílio Correia, *Obras,* vol. I, pp. 159-176, *Idem, Inventário Artístico de Portugal. Cidade de Coimbra*, Lisboa, p. 100, est. 141.

(57) No dia 6 de Março de 1728 se tirou da arca universitária a quantia de "sincoenta e outo mil e coatro centos reis a saber sincoenta e dois mil reis para complemento do preço por que se arrematou a obra do arco da porta férrea desta universidade a Gaspar Ferreira mestre de obras desta universidade e seis mil e coatro centos reis da planta que fes para a torre da dita universidade", AUC, *Livro de Receita e Despeza da Universidade,* vol. 1725-1728. Este trecho foi citado por J. Ramos Bandeira, *op. cit.*, vol. II, p. 6, nota 3.

(58) Cf. a provisão de D. João V, datada de 17 de Dezembro de 1728, citada *ibidem*, pp. 6-7, nota 3 e por Ayres de Carvalho, *D. João V e a Arte do Seu Tempo,* Lisboa, edição do autor, vol. II, 1962, p. 363. Diz o documento, "Faço saber a vós Francisco Carneiro de Figueiroa, do meu conselho do Geral do Santo Officio e Reitor da mesma Universidade que no meu tribunal da Meza da Consciência, Se vio a Vossa Carta de vinte e cinco de Outubro passado, em resposta da Provisão de sete do dito mes, e anno, sobre as obras da Torre dessa Universidade como tão bem as plantas que remetestes feitas por Gaspar Ferreira Mestre das obras (...) e pello mais perito Se mandou fazer a que com esta se vos remete (com a que enviastes) da mesma altura e Grandeza, mas de milhor fabrica, e na forma da dita nova planta mandareis fazer a Torre, não por arematação mas por Jornal, dandosse ao dito Mestre Gaspar Ferreira Seiscentos reis por dia continuos com faculdade de so poder faltar a assistencia da dita Torre hum athe dous dias na Semana (...)".

(59) A atribuição foi feita por Ayres de Carvalho, *op. cit.,* vol. II, p. 362, principalmente porque António Canevari (...), que passou os anos de 1727-1732 em Portugal, construía, em 1728, uma célebre torre de relógio no Paço da Ribeira de Lisboa, derrubada pelo terremoto de 1755, *Ibidem*, p. 361. A maior actividade de Canevari em Lisboa foi o principiar o aqueduto das Águas Livres, de Lisboa.

(60) Veja-se a nota 58.

(61) O último pagamento foi de 27 de Janeiro deste ano, AUC, *Livro de Receita e Despeza da Universidade,* Vol. 26, 1733-1736, fl. 74 de 1733. Cota atual: AUC-IV-1.ª E-12-3-26.

(62) O contrato é de 17 de Janeiro de 1730, M. Lopes de Almeida, *op. cit.*, vol. III, pp. 90-92.

(63) Veja-se o contrato de 29 de Julho de 1729 da obra do "retabollo da Capella Mor da Igreja do Rabaçal em preço de sento e cinco mil reis como constaua da arrematasam que pera isso se fizera na forma dos apontamentos e planta que pera ella fes o Mestre Gaspar Ferreira (...), M. Lopes de Almeida, *op. cit.*, Vol. III. pp. 87-89.

(64) Arquivo Distrital de Viseu, *Obra da Sé*, Livro de Despezas da Mitra. Iniciado em 13 de Março de 1720.

(65) Robert C. Smith, *A Talha em Portugal*, Lisboa, 1963, p. 109 e est. 76. Sobre a talha de Machado veja-se Flávio Gonçalves, "Uma Obra Notável de Francisco Machado", *Bracara Augusta*, vols. XXV-XXVI, 1971-1972, pp. 153-169.

(66) Robert C. Smith, *A Talha em Portugal*, pp. 106-108, est. 75.

(67) Robert C. Smith, *Cadeirais de Portugal*, Lisboa, 1968, pp. 61-62, est. 79. Acrescentado a lápis por Smith no documento datilografado O contrato que chama a GF "arquitecto morador nesta mesma cidade".

(68) *Ibidem*, pp. 58-60, est. 76 e 77.

(69) A. Alves, *op. cit.*

(70) *Ibidem*, Robert C. Smith, "Portuguese church tables", *The Connoisseur*, vol. CLVII, n.º 631, Set., 1964, pp. 60-65.

(71) Nota do órgão? Anotação de Smith, a lápis e pouco legível.

(72) Vergílio Correia e A. Nogueira Gonçalves, *Inventário Artístico de Portugal. Cidade de Coimbra*, Lisboa, p. 75, Hellmut Wohl, "Carlos Mardel and his Lisbon architecture", *Apollo*, Abril, 1973, pp. 350-359, est. 12. Veja-se ainda Carlos Mardel. In *A Casa Senhorial entre Portugal, Brasil e Goa*. http://acasasenhorial.org/acs/index.php/pt/artistas/252-carlos-mardel-1695-1763.

(73) Vergílio Correia e A. Nogueira Gonçalves, *Inventário Artístico de Portugal. Cidade de Coimbra* (...), p. 75. A atribuição pelos autores deste livro do desenho da portaria a Carlos Mardel é combatida por Wohl, que o acha alheio ao estilo deste arquitecto-engenheiro, Wohl, *op. cit.*, pp. 355-356.

(74) Vergílio Correia e A. Nogueira Gonçalves, *Inventário Artístico de Portugal. Cidade de Coimbra* (...) p. 139.

(75) Esteves Pereira. Nota incompleta.

(76) AUC, *Construção da Biblioteca*, Obras, Cx. 3 (1719). Cota atual AUC - IV- 1.ª E-1-1-15. Comparável é o catálogo, de 1748, das pedras para a nova capela-mor da igreja de S. Bento da Saúde, que os beneditinos de Lisboa compraram na zona de Coimbra e Tentúgal com uma parte de seus grandes lucros com as naus de Macau, Arquivo Distrital de Braga, *Congregação de S. Bento*, Livro do Comercio de Macau.

(77) *Idem, ibidem.*[115]

---

[115] O texto refere que o citado documento tem a data de 4 de novembro, o que não se consegue aferir com exatidão no original. Surgem várias datas, segundo a petição do suplicante, os pareceres e a decisão final, mas por dificuldades de leitura, optámos por suprimir a data na nota.

(78) *Idem, ibidem,* Cx. 4 (1720-1722). Cota atual: AUC-IV-1.ª E-1-1-16.

(79) Contrato, primeiro revelado por Prudêncio Garcia, *op. cit.*, pp. 295-299, foi publicado novamente por M. Lopes de Almeida, *op cit.*, vol. II, pp. 399-402.

(80) Prudêncio Quintino Garcia, *op. cit.*, pp. 288-294, M. Lopes de Almeida, *op. cit.*, vol. II, pp. 402-406.

(81) Para a história dos pagamentos dos três pintores, baseada nos *Livros de Receita e Despeza de 1721-1728,* veja-se Robert C. Smith, "O Pintor Manuel da Silva na Universidade de Coimbra", *Comércio do Porto,* de 25 de Set. e 23 de Out. de 1973.

(82) Francisco Augusto Garcez Teixeira, *A Irmandade de S. Lucas*, Lisboa, 1931, p. 78.

(83) Prudêncio Quintino Garcia, *op. cit.*, p. 294. Serviu-lhes de testemunha o pintor João Pereira.

(84) *Ibidem*, pp. 250-253.

(85) Robert C. Smith, *Nicolau Nasoni, Arquitecto do Porto*, Lisboa, 1966, pp. 41-47 e 55-81.

(86) Ciprestes, simbolizando a eternidade, figuram também nos azulejos da parede de entrada da igreja do antigo convento dos monges paulistas da Serra de Ossa perto do Redondo, de cerca de 1725-1727, atribuíveis ao Monogramista P.M.P., reproduzidos no artigo de Túlio Espanca, "Convento de S. Paulo da Serra de Ossa", in *A Cidade de Évora*, vol. XXIX, n.º 55, 1972, pp. 149-171.

(87) Como o documento diz apenas "De fazer hum retrato do Pontífice passado (...).7$200", Prudêncio Quintino Garcia, *op cit.*, pp. 250-253, sem especificar o ano da execução, pode ter representado o papa Inocêncio XII (1691-1700) ou Clemente XI (1700-1721).

(88) Custaram 8$000 rs. o milheiro, importando um total de 158$424 rs , *ibidem,* pp. 255-256.

(89) Agostinho Paiva, "mestre de tendas de llosa branca" pertenceu a uma família numerosa de oleiros que parece remontar àquele António de Paiva azulejador, que em 1647 assentou na capela da Universidade os azulejos de "tapete" comprados em Lisboa, AUC, *Capela: Documentos de obras.* Cota atual: AUC-IV-1.ª E-2-4-20 e, alguns anos depois, fez o mesmo serviço na Sala Grande dos Actos[116]. No Museu Nacional de Soares dos Reis, do Porto, há um prato pintado de azul assinado "Agostinho de Paiva 1694", *Ibidem*, p. XXXIII[117]. Nos meses de Abril e Setembro de 1701 Agostinho de Paiva recebeu a quantia de 70$000 rs., em pagamento dos seus azulejos "de albarrada", feitos para as obras do reitor D. Nuno da Silva Teles o Velho, no Pátio dos Gerais e na Casa dos Exames Privado. Cf. Vergílio Correia, *Obras* (...), vol. I, pp. 146, 153 e 154. Ao mesmo tempo, fez

---

[116] Correia, V. e Gonçalves N. A - *Inventário Artístico de Portugal. Cidade de Coimbra* (...), p. 102.

[117] A tipologia da peça não é um prato, como Robert Smith refere, mas sim uma bacia. Sobre esta peça brasonada em faiança, assinada Agostinho de Paiva e pertencente ao Museu Nacional Soares dos Reis (inv.597Cer), escreve Diana dos Santos Gonçalves, *op. cit.*, p. 221. Smith avança a data de 1694 para a sua realização, enquanto Diana Gonçalves, talvez de forma mais prudente, por dificuldade de leitura da data completa, não indica o ano concreto da década de noventa de mil e seiscentos.

uma quantidade de jarras para a capela da Universidade que vem mencionada numa sua petição de 1702 para o resto do seu pagamento, AUC, *Capela: Documentos de obras*. Cota atual: AUC-IV-1.ª E-2-4-20. Outras jarras foram pagas ao oleiro João Monteiro, M. Lopes de Almeida, *op cit.*, vol. II, p. 6. De 1720 e 1722 datam os recibos de Agostinho de Paiva para os azulejos da Sé de Viseu, citados na nota 95. Em 16 de Junho de 1727 o pintor declarou que queria fazer "património em humas tendas e cazas que pesuhia sitas nas olarias foreiras a esta universidade ao seu filho Agostinho de Paiva "clérigo em menoribus". Cf. M. Lopes de Almeida, *op. cit.*, vol. II, pp. 43- 44. Outros filhos foram Manuel, casado com Isabel Maria Lopes em 19 de Outubro de 1730. AUC, *Livro dos Cazados de S. João de Sta. Cruz*, 1711-1768, fl. 43. Cota atual: AUC. *Paróquia de Santa Cruz de Coimbra*, C2 (1711-1768), AUC-III-2.ª D-3-4, e Mateus, falecido solteiro com cerca de cinquenta e um anos, no Terreiro das Olarias, em 13 de Dezembro de 1742, *Idem, Livro de Óbitos de S. João de Santa Cruz*, 1707-1747, fl. 120 v.º Cota atual: AUC. *Paróquia de Santa Cruz de Coimbra*, O2 (1707-1795), AUC-III-2.ª D-3-5. Agostinho de Paiva morreu aos 28 de Julho "pelas des oras, da noite (...) sem sacramento por nam chamarem mais sedo". Foi absolvido "sub condicione e (...) sepultado, em o dia vinte e noue de Julho na Igreja de Sam Domingos como Irmão de Jesus", *Idem, ibidem*, fl. 76.

Agostinho de Paiva casou primeiro com Antónia do Espírito Santo, a mãe do seu filho Mateus, e segundo com Engrácia Maria, que, viúva, casou com Manuel da Costa Brioso, grande oleiro da segunda metade do século XVIII, filho de Miguel da Costa e de Maria Ferreira, *idem, Livro de Cazados de S. João de Santa Cruz*, 1711-1768, fl. 118 e sobrinho de António da Costa Brioso, oleiro, que morreu em 1740, *idem, Livro de Óbitos de S. João de Santa Cruz*, 1707-1747, fl. 106 v.º.

(90) Vergílio Correia, *Obras* (...) vol. I, est. p. 152.

(91) Hoje a sede da Santa Casa da Misericórdia de Coimbra.

(92) Hoje Casa de Infância Doutor Elyseo de Moura. http://cidemoura.pt.

(93) Veja-se a pág. (em branco). Estes azulejos encontram-se actualmente no andar superior do claustro da Sé.

(94) Por uma provisão de 23 de Março de 1724, por onde se mandou dar ao intendente das obras, Alexandre Carneiro de Figueiredo 67$000 reis para acabar de pagar a Manuel da Silva, mestre que pintou o azulejo que veio para a Sé, de "brotesco", Arquivo Distrital de Viseu, *Livro de Despezas da Mitra*, n.º 349.

(95) "(...) Recebi 5 moedas de oiro da mão do Sr. Dr. Manuel de Matos por conta do azulejo que faço para a Sé de Viseu, a preço cada milheiro de 14$000 reis, e por passar na verdade roguei a Gaspar Ferreira que este fizesse por mim que assinei: Coimbra, hoje 20 de Março de 1720. Digo eu Agostinho de Paiva, mestre oleiro, que eu recebi da mão de Manoel da Silva pintor da mesma cidade de Coimbra que eu recebi 6 moedas de ouro de 4.800 reis, à conta do azulejo que se há de fazer para a Sé de Viseu, e por assim ser na verdade, e não saber ler nem escrever, roguei a Domingos Baptista, pintor, assistente nesta cidade de Coimbra, que este por mim fizesse, e como testemunha assinasse, sendo o seu sinal que costuma fazer hoje 10 de Fevereiro de 1722 anos. Agostinho + de Paiva".

"Digo eu Agostinho de Paiva, mestre oleiro desta cidade de Coimbra, que é verdade que recebi da mão de Manoel da Silva, pintor desta cidade de Coimbra, 6 moedas de oiro de 4.800 cada uma, e por não saber ler nem escrever roguei a Manuel Vidal que esta por mim fizesse, hoje 23 de Maio de 1722 anos. Agostinho

+ Paiva Manoel Vida," *Documentos Avulsos da Mitra de Viseu* depositados no arquivo do Museu de Grão Vasco da mesma cidade.

(96) Nas obras da Universidade de 1701-1702 e da Sé de Viseu, vinte anos depois, o azulejo foi assentado pelo mesmo azulejador Joseph de Gois, de Coimbra. Entre os documentos do Museu Grão Vasco de Viseu, há dois recibos assinados por ele, de 23 de Junho de 1720 e 25 de Abril de 1722, do valor de nove moedas. Museu Grão Vasco, "Cinco documentos do século XVIII respeitantes á obra dos azulejos que revestiram as paredes laterais da Sé de Viseu e que agora se veem nos claustros, para onde foram mudados no ano de 1921". Publicado posteriormente à morte de Robert Smith por Alves A. (1980). Artistas e Artífices nas Dioceses de Lamego e Viseu. *Revista Beira Alta*. XL., fasc. 4, 456, 475, nota 615 e mais tarde na obra de Santos Simões, J.M (2010). *Azulejaria em Portugal no século XVIII*. (p. 183, nota 501). (edição atualizada por Maria Alexandra Gago da Câmara, da obra de 1979). Fundação Calouste Gulbenkian. Estes documentos deverão ter sido facultados a Robert Smith por Alexandre Alves para o historiador norte-americano os incluir neste estudo sobre a Biblioteca Joanina. Com a sua morte, em 1975, a documentação será publicada por Santos Simões e pelo próprio Alexandre Alves. Cf. Santos, D.G. *op. cit.* (p. 218).

(97) AUC, *Livro de Receita e Despeza*, Vol. 23,1721-1724, fl. 88 de 1723. O título do assento fala da "pintura do nicho mestre da caza do d.º". Cota atual: AUC-IV-1.ª E-12-3-23.

(98) *Idem, ibidem*, fl. 85 v.º de 1724.

(99) *Idem, ibidem*.

(100) Nesta data foi recordado o pagamento de 192$000 reis, AUC, *Livro de Receita e Despeza da Universidade*, Vol. 23, 1721-1724, fls. 80 v.º de 1723. Cota atual: AUC-IV-1.ª E-12-3-23.

(101) A frase pertence ao contrato de 28 de Agosto de 1723, M. Lopes de Almeida, *op cit.*, vol. II, p. 405.

(102) **Veja-se** Manuel Lopes de Almeida, *op. cit.*, II, (p. 403): "apontamentos para o dourado e xaram da Livraria".

(103) Quitação de 40 moedas que deu a Manuel da Silva pintor o Reverendo Cabido, 4 de Agosto de 1721 "(...) nesta cidade de Viseu e casas de morada de Manuel da Cunha Ferreira, estando ele aí presente (...) e bem assim estava presente Manuel da Silva, natural da cidade de Lisboa e assistente na cidade de Coimbra (...) logo por ele dito Manuel da Silva foram recebidas 40 moedas de ouro de 4.800 reis cada uma, à conta do ajuste que tinha feito com o Reverendo Cabido da Sé desta cidade, de lhe pintar e dourar o Coro de Cima da dita Sé, e órgão dela (...) Arquivo Distrital de Viseu, *Livro de Notas do Tabelião José Coelho de Gouveia*. O cadeiral contém vinte e sete painéis de espaldar de cor escura (verde ou preto) com pequenas figuras e pássaros de ouro. A caixa do órgão deve ter sido aquela, já perdida, desenhada por Gabriel Ferreira no mesmo ano de 1721 e entalhada por Manuel Correia (nota 53).

(104) "Diz Manoel da Silva Mestre Pintor desta cidade que ele Pintou por mandado do agente desta Universidade Bento Gomes Castanheira Trinta e seis varas de flores da Sala dos Reis e cada huma fez a custo coatrocentos e oitenta reis que todos emportão dezassete mil e duzentos e oitenta reis. Pintou mais o Coro da Capela desta Universidade e Caixa do órgão por dentro e fora e huns almarios grandes e os assentos e dois Bancos e a sua genelozia. Tudo do mesmo Coro

pintado tudo de verde o que fes de custo vinte e hum mil e seissentos reis. Rezão de custar o verdete a des tostois o aratel para o orgão.

O Supplicante fes a obra contheuda em sua supplica e conforme a sua conta emporta toda 38$880 porem suposto o verdete esteja caro, com tudo, sempre se lhe deue abater quatro mil e outocentos reis e outenta reis, e só se lhe pague o resto de trinta e quatro mil reis a V. S.ª Rm.ª e M.es mandarão o que forem servidos Bento Gomes Castanheira.

Reseby o conteúdo assima do Senhor Dr. Bento Gomes Castanheira agente da Universidade hoje 30 de Outubro de 1727 Manoel da Silva", AUC, *Documentos Avulsos da Capela*. Cota atual: AUC. Capela: Documentos de obras- IV-1.ª E-2-4-20.

(105) O coro da capela sofreu uma reforma nos anos de 1781-1784.

(106) A notícia é de 18 de Abril, sendo o lanço de Manuel da Silva de 340$000 reis, Prudêncio Quintino Garcia, *op. cit.*, pp. 174-176.

(107) "Em 17 de Abril foram tirados da arca da Universidade 19$200 reis que se entregaram a Manuel da Silva mestre de pintor desta cidade pella obra que fes em dourar a tocheira do sirio pascal, e envernizar o candieiro das trevas, e pintar as portas do açouge da feira", AUC, *Livro da Receita e Despeza da Universidade, Obras*, Vol. 24, 1724-1728, fl. 81 de 1728. Cota atual: AUC-IV-1.ª E-12-3-24.

(108) "Diz Manoel da Silva Mestre Pintor desta Cidade que elle dourou e Pintou o Resalpo (sic) e nicho da Sanchristia da Capela desta Universidade por preso e contia de 19$200 reis. 27 de Fevereiro de 1731", *idem, Documentos Avulsos da Capela*. Cota atual: AUC. *Capela: Documentos de obras*. AUC-IV-1.ª E-2-4-20. Foi aprovado o pedido de 2 de Março do mesmo ano. O recibo de Manuel da Silva existe no mesmo maço de papéis.

(109)[118] "Ferea dos ofisiais de carapinteiros que trauarão [sic] na Universidade fazendo o respaldo e o taburno para os caxois da samcristia neste anno de 1694", *idem, ibidem*.

(110) Casado com Maria dos Mártires, de Penacova, teve seis filhos desde 1725 até 1739, AUC, *Livro III de Baptisados da Sé, 1713-1741*, fls. 117, 166, 182 v.º., 209, 232 e 274. Cota atual: AUC. *Paróquia da Sé (Nova) de Coimbra*, B3 (1713-1741). AUC-III-1.ª D-4-3.

(111) De 13 de Abril de 1728 é o contrato de dourar o retábulo da capela-mor e as imagens do templo de Santa Maria de Poiares, M. Lopes de Almeida, *op. cit.*, vol. III, pp. 56-61.

(112) Neste ano, em 7 de Novembro, Gabriel Ferreira arrematou o douramento dos retábulos de Caria e Frexinho, *ibidem*, pp. 122-126.

(113) O contrato fala de "douramento e charam" por preço de 215$000, *ibidem*, pp. 178-181. No mesmo ano tinha arrematado, com o pintor de azulejos António Vital Rifarto, o douramento dos caixilhos dos quadros dos quatro doutores da Igreja, em Santa Clara, e o fingimento de pedra clara do seu arco cruzeiro, tudo

---

[118] No texto de Robert C. Smith, o documento está assim referido: "Feria de Carpinteiros que Trabalharam na Construção do Taburno e Respaldo para os Caixoens da Sancristia, de 1694", que não corresponde exatamente ao seu cabeçalho. Revimos para a versão correta.

por 110$000 reis, Prudêncio Quintino Garcia, *op cit.*, pp. 222-224. Em 21 de Maio de 1740 Gabriel Ferreira contratou por 369$000 reis o douramento da capela-mor de Paredes da Beira, também da Universidade, obra que, ano e meio mais tarde, foi julgada insatisfatória, M. Lopes de Almeida, *op cit.*, vol. III, pp. 214-215 e 260-262.

(114) O contrato foi publicado por M. Lopes de Almeida, *op. cit.*, vol. II, pp. 395-398.

(115) AUC, *Construção da Biblioteca Joanina, Obras,* Cx. 5 (1723-1724). Cota atual: AUC-IV-1.ª E-1-2-1.

(116) *Idem, ibidem.* Este artífice foi um dos dois fiadores de Gabriel Ferreira da Cunha, nas suas obras de pintura e douramento de Caria e Freixo em 1733. M. Lopes de Almeida, *op. cit.*, vol. III, pp. 122-126. Dois anos depois desempenhou o mesmo papel para António de Bastos, partidista de medicina de Sua Majestade, *ibidem*, vol. III, p. 135.

(117) Em 1725 sucedeu-lhe o filho, que escreveu, "Diz Albano dos Reis Salgado, official de vidrasseiro morador nesta cidade de Coimbra, que por falecimento do seo pay Andre Salgado, official do mesmo, de vidrasseiro desta universidade ficou elle supplicante em seo lugar suprindo a mesma ocupação. Meteo elle supplicante petiçam a esta meza para se lhe pagar a obra de vidraças que tinha feito como consta do Rol appenço. E nas ditas vidraças estavão alguns vidros que cauzavão fieldade a dita obra, e sahio por despacho que satisfeita a reforma dos vidros que cauzavão a dita fieldade, se lhe pagaria, e como elle supplicante tem satisfeito a tudo na forma da escriptura que seo pay fês a esta universidade". AUC, *Construção da Biblioteca Joanina, Obras,* Caixa 6 (1725 a 1726). Cota atual: AUC-IV-1.ª E-1-2-2.

(118) *Idem, ibidem*

(119) *Idem, ibidem.*

(120) *Idem, ibidem.*

(121) M. Lopes de Almeida, *op. cit.*, vol. II, pp. 428-430. AUC, *Construção da Biblioteca Joanina, Obras,* Cx. 5 (1723-1724). Cota atual: AUC-IV-1.ª E-1-2-1.

(122) AUC, *Construção da Biblioteca Joanina, Obras,* Cx. 6 (1725-1726). Cota atual: AUC-IV-1.ª E-1-2-2.

(123) *Idem, ibidem.*

(124) *Idem, ibidem.*

(125) 12 de Janeiro de 1726. António Cordeiro da Geria "trose duas carradas de pedra da pedreira de Portunhos pera a legunja (sic) [lisonja] da Liuraria a 400 reis cada", *idem, ibidem.*

(126) Foram entregues por Manuel Francisco, *idem, ibidem.*

(127) M. Lopes de Almeida, *op. cit.*, vol. II, pp. 45-47.

(128) Florêncio Barreto Feio, *op. cit.*, p. 9. Esta conclusão foi seguida pelo Visconde de Villa-Maior, *Exposição Succinta da Organização Actual da Universidade de Coimbra*, Coimbra, 1877, p. 475 e outros autores. Nunca houve inauguração do edifício.

(129) Bernardo de Brito Botelho, *História Breve de Coimbra*, Lisboa, 1873, p. 50.

(130) AUC, *Construção da Biblioteca Joanina, Obras,* **Documentos Avulsos.**

(131) AUC, *Construção da Biblioteca Joanina, Obras*, Cx. 5 (1723-1724). Cota atual: AUC- IV- 1.ª E-1-2-1. Foram destinadas à estátua de pedra da Sabedoria, da escada lateral ao sul da Biblioteca, feita pelo irmão beneditino Fr. Cipriano da Cruz Sousa, Robert C. Smith, *Fr. Cipriano da Cruz, Escultor de Tibães*, Porto, 1968, p. 127 est. XXXVII, que, em 28 de Julho de 1691 assinou um recibo de 12$000 reis em pagamento da sua imagem de Santa Catarina, ainda existente num dos retábulos colaterais da capela da Universidade, *idem*, Capela: *Documentos Avulsos.* Cota atual: AUC-IV-1.ª E-2-2-10.

(132) *Idem, Livro de Receita e Despeza da Universidade,* Vol. 26, (1732-1736), fl. 39 de 1733. Cota atual: AUC-IV-1.ª E-12-3-26.

(133) AUC, *Construção da Biblioteca Joanina, Obras,* Cx. 9, (1740-1743), fl. 4 de 1742. Cota atual: AUC-IV, 1.ª E- 1-2-5.

(134) *Idem,* Cx. 9. A frase humilde parece ter sido uma mera formalidade empregada nas petições. Não foi possível rastrear este documento no AUC.

(135) Florêncio Mago Barreto Feio, *op cit.*, pp. 42-43. La Rue (1643-1725) foi autor, entre muitos outros trabalhos, de *Carmini libri IV*, Paris 1688, contendo uma ode em grego sobre a Imaculada Conceição, e quatro tomos de sermões (Paris, 1719), incluindo elogios fúnebres de figuras ilustres da corte de Luís XIV.

(136) 1662-1740. Embaixador de D. João V em Londres, Madrid e Paris.

(137) Pesquisas inéditas do Prof. Luís Ferrand de Almeida, citadas por André Masson, *Le décor des bibliothèques*, Genebra e Paris, 1972, p. 100.

(138) Anthony Hobson, *Great Libraries*, Londres e Nova Iorque, 1970, p. 237.

(139) AUC, *Livro de Receita e Despeza da Universidade,* Vol. 25, (1728-1732), fl. 79 v.º de 1729 e fl. 72 de 1730. Cota atual: AUC-IV-1.ª E12-3-25. D. João da Mota e Silva (1685-1747), cardeal em 1727 e depois primeiro-ministro, catalogou os livros de teologia de D. João V.

(140) *Idem, ibidem*, fl. 74 de 1730.

(141) Teófilo Braga, *História da Universidade de Coimbra*, 1898, vol. III, p. 268. Em 24 de Agosto de 1745 foi gasta a quantia de 1:381$156 reis com a compra em Lisboa de livros a João Baptista Lerzo. AUC, *Livro de Receita e Despeza,* Vol. 29, (1744-1747), fl. 78 de 1745. Cota atual: AUC- IV-1.ª E-12-3-29. Três anos antes, aos 22 de Maio de 1742, José de Sousa Baptista, agente da Universidade na corte, deu a soma de 2:934$110 reis a um certo Vilas Boas[119] "para livros para a Livraria da dita Universidade e outras despezas", *idem, ibidem,* Vol. 28, (1740-1743), fl. 77 v.º de 1742. Cota atual: AUC-IV-1.ª E- 12-3-28.

(142) Vejam-se os respectivos *Livros de Receita e Despeza* da Universidade.

(143) Florêncio Mago Barreto Feio, *op. cit.*, p. 46.

(144) "Alvenaria e cantaria, 55:915$715 reis; pintura dos tectos e das cimalhas 1:902$100 reis; pintura e douramento das estantes, das varandas etc., 4:245$000 reis; feitio, madeira e condução das seis grandes mezas de leitura, 4:410$115 reis; os letreiros de latão sobre a porta principal fora e dentro, 28$800 reis; o

---

[119] Smith refere-se a Monsenhor D. Pedro de Villas Boas Sampaio, que foi da Igreja Patriarcal de Lisboa.

retrato do senhor D. João V, 120$000 reis", Florêncio Mago Barreto Feio, *op. cit.*,
pp. 35-36.

Em 1734 a Universidade possuía rendimentos anuais de 70:000 cruzados, ou seja
1:750$000 reis, derivados em parte das suas vinte e uma igrejas, Bernardo de
Brito Botelho, *op. cit.*, p. 51.

(145) Custo das Obras Reais.

(146) Florêncio Mago Barreto Feio, *op. cit.*, pp. 43-44.

(147) *Ibidem.*

(148) *Ibidem.*

(149) Sem referência por parte do autor.

(150) Florêncio Mago Barreto Feio, *op. cit.*, p. 45.

(151) *Ibidem*, Augusto Mendes Simões de Castro, *Guia Histórico do Viajante em
Coimbra*, 2.ª edição, Coimbra, 1880, p. 174, Teófilo Braga, *Dom Francisco de
Lemos e a Reforma da Universidade de Coimbra*, Lisboa, 1894; M. Lopes de
Almeida, *Documentos da Reforma Pombalina*, vol. I, 1771-1782.

(152) Bispo de Coimbra, 1779-1829 e reitor da Universidade pela segunda vez, em
1799-1821.

(153) Houve outro "ajudante", o Eng. Teodoro Marques Pereira da Silva e Ricardo
Franco de Almeida Serra e Guilherme Elsden, de nacionalidade inglesa, de idade
avançada e sofrendo de gota, M. Lopes de Almeida, *Documentos da Reforma
Pombalina*, vol. I, p. 77.

(154) Uma colecção destas plantas, mencionadas na correspondência de Pombal
com o reitor, (M. Lopes de Almeida, vol. I, pp. 94-96 e 215), encontra-se em duas
pastas denominadas *Provisões do Marques de Pombal e Plantas Referentes às
Obras Projectadas por Ocasião da Reforma da Universidade de Coimbra, em
1772*, n.ºs 3083 e 3084 da secção de manuscritos da Biblioteca Geral da
Universidade de Coimbra.

(155) M. Lopes de Almeida, *Documentos da Reforma Pombalina*, vol. I, p. 99.

(156) "(...) distinto Mestre de Alvenaria, e hum bom fortificador das Obras que
executa", *ibidem*, p. 96. Recebeu, de ordenado, 600 reis por dia, *ibidem*, p. 99.

(157) Foi o verdadeiro sucessor de Gaspar Ferreira, morto em 1762, na variedade e
distinção das suas actividades. Veio de Lisboa, em 1774, como ele próprio indica,
num documento extraordinário do AUC, de 1796, no qual pediu aumento dos seus
600 reis diários, por ter assumido as funções de mestre de alvenaria e cantaria e
também de arquitecto, "fazendo como tem feito desde a auzencia dos Engenheiros
todos os desenhos, e riscos necessários, não somente das obras da Universidade
como também do Real Convento de Santa Clara". AUC. *Universidade, Documentos
de Despesas de Obras*, Cx. 3. Cota atual: AUC- IV-1.ª E-10-1-3. Serviu de entalhador,
como Gaspar Ferreira, *idem, Livro das Folhas de Despeza*, fl. 1 v.º. Nesta qualidade
fez o desenho em 1783 ou 1784, do novo retábulo da capela-mor de Nossa Senhora
da Assunção de Dine (Bragança), pertencente à Universidade. Cota atual AUC.
Documentos relativos a bens no bispado de Bragança (Col), IV-1.ª E-22-3-2. Como
mestre carpinteiro, ideou um tapa vento para a capela universitária, que não existe.
Apontamentos sem data no AUC. Como arquitecto Manuel Alves Macamboa fez as
plantas do observatório astronómico da Universidade, construído em 1790-1799

e demolido há anos,[120] e segundo dados oferecidos em 1974 pelo cura, desenhou a fachada da igreja de S. Bartolomeu, de Coimbra, edifício principiado em 1756[121]. Fez também o majestoso hospital da Santa Casa da Misericórdia, de Viseu. Como empreiteiro e mestre de obras da Universidade, dirigiu a construção do Laboratório Químico, desenhado por Elsden, (1775-1776), AUC, *Livro das Folhas de Despeza*, fl. 1 v.º e vários outros edifícios e a reforma do Pátio dos Gerais (1779). Em 1781 vistoriou a renovação da capela da Universidade, *idem, Documentos Avulsos da Capela*. Ainda exercia as funções de mestre das obras em 1807, quando, em Maio desse ano, visitou a igreja de S. Miguel de Passos, da Universidade, e preparou "plantas, prospetos e secção" dela e apontamentos para a sua reforma, *Idem*. Em 1793 fez Manuel Alves Macamboa os riscos para a iluminação transparente do pórtico e terreiro da Universidade, com uma figura da Abundância, *Idem, Contabilidade e Administração das Obras*. Cota atual: *Livro do Registo de Receita e Despesa das Obras*, 1775-1776. AUC-IV-1.ªE-10-2-31.

(158) *Idem, Livro das Folhas de Despeza,* 1773, fl. 9 v.º.

(159) *Idem, ibidem*, fl. 1.v.º.

(160) Em 1775 trabalhava nos paços da Universidade, *idem, ibidem*, fl. 17.

(161) *Idem, ibidem*, fl. 25 v.º.

(162) *Idem, ibidem,* fl. 28 v.º. O pagamento a António Machado, escultor é efetuado a 7 de setembro de 1776.

(163) A. A., Gonçalves, "Breve Noção sobre a História das Ceramicas em Coimbra", Charles Le Pierre (coord), *Estudo Chimico e Technologico sobre a Ceramica Portugueza Moderna*, 1899, p. 237.

(164) AUC, *Livro da Receita e Despeza da Universidade,* Vol. 28, 1740-1743, fl. 80 (1741). Cota atual: AUC-1.ª E-12-3-28 e Vol. 32 (1756-1759), fl. 78 v.º (1758). Cota atual: AUC-IV-1.ª E-12-3-32.

(165) Teófilo Braga, *D. Francisco de Lemos e a Reforma da Universidade de Coimbra*, pp. 78-79.

(166) *Ibidem*, p. 122.

(167) Biblioteca Geral da Universidade de Coimbra, *secção de Manuscritos*, cód. 3083, fl. 62.

(168) *Idem, ibidem*. Desenho a bico de pena, com lavado cor-de-rosa, cinzento e amarelo, assinado pelo Marquês de Pombal. Mede 34,5 cm x 44 cm.

(169) *Ibidem, idem*. Desenho a bico de pena, com lavado cor-de-rosa e cinzento, assinado pelo Marquês de Pombal. Mede: 27 cm. x 61,5 cm.

(170) Desenhado por Eugénio dos Santos e Carvalho (1711-1760) e construído em 1759.

(171) Reconstruído entre 1765-1768, segundo os planos do arquitecto Eugénio dos Santos e Carvalho.

(172) José Augusto França, *Une ville de lumiere, la Lisbonne de Pombal*. Paris. Publicações da École Pratique des Hautes Études, est. XXV, 1965, p. 100.

---

[120] Correia V. e Gonçalves A.N. *op. cit.* (p. 107).

[121] *Idem*. (p. 39).

(173) Robert. C. Smith, *The Art of Portugal (1500-1800)*, Lisboa, Livros Horizonte, 1968, est. 76.

(174) Não foi possível rastrear no AUC, o documento referido no texto.

(175) Teófilo Braga, *História da Universidade de Coimbra*, vol. III, p. 507.

(176) M. Lopes de Almeida, *Documentos da Reforma Pombalina*, vol. I, p. 103.

(177) José Ramos Bandeira, *op. cit.*, vol. I, p. 146.

(178) *Ibidem*, pp. 146-147.

(179) Florêncio Mago Barreto Feio, *op. cit.*, pp. 46-47, 56-57 e 65.

(180) *Ibidem*, pp. 67, 69 e 71.

(181) *Ibidem*, p. 73.

(182) *Ibidem*.

(183) *Ibidem*, pp. 75-76.

(184) *Bric-à Brac. Notas Históricas e Arqueológicas*, Porto, 1926, p. 398.

(185) *Ibidem*.

(186) AUC, *Livro de Registo de Folhas Correntes de Obras*, Vol. 3 (1816-1818), fl. 88. Cota atual: AUC-IV-1.ª E-10-2-21.

(187) Florêncio Mago Barreto Feio, *op. cit.*, pp. 75-76.

(188) *Ibidem*.

(189) *Ibidem*.

II – Arquitetura e Arte

A 15 de Janeiro de 1707, D. João V de Portugal, numa cerimó-
nia oficial realizada poucos meses depois da sua subida ao trono
declarou-se como "Protetor da Universidade de Coimbra". (1)

Não foi, contudo, senão passada quase uma década que o novo
rei realizou a magnífica oferenda que o associa tão de perto à
Universidade. O reino encontrava-se a braços com as difíceis e incer-
tas negociações do final da Guerra da Sucessão espanhola, na qual
Portugal levou a cabo dispendiosas e inúteis campanhas de apoio
ao malsucedido candidato, o arquiduque Carlos da Áustria. Após a
assinatura do tratado de paz de Utrecht em Fevereiro de 1716, tal
como referido por um historiador de arte português do final do
século XVIII, "o reino começou a recuperar e D. João V pode virar
a sua atenção para a ciência e as belas-artes". (2)

Com o patrocínio da construção de uma nova Biblioteca para a
Universidade de Coimbra, D. João V encontrou a manifestação ideal
desses intentos. (3) Uma provisão real, datada de 31 de Outubro
de 1716, faz saber que Sua Majestade concedeu permissão para
se erigir um edifício destinado a biblioteca, de frente do pátio
da Universidade no local mais apropriado e menos dispendioso e
que aprova a compra pela universidade da biblioteca de Francisco
Barreto pelo preço de 14.000 cruzados. (4)

O local escolhido para a edificação da nova biblioteca situava-se
no canto sudoeste do pátio, adjacente à capela manuelina, impondo
uma bela vista sobre o vale do Mondego, que se estende até às

Fig. 29 Vista aérea da implantação do Paço das Escolas com o Mondego ao fundo.
© Nuno Antunes

Fig. 30 Vista aérea do Paço das Escolas com a Biblioteca Joanina à esquerda.
© Nuno Antunes

montanhas da Beira Baixa. Os trabalhos começaram de imediato e foram oficialmente concluídos onze anos mais tarde, em 1728, (5) embora alguns dos detalhes decorativos tenham sido finalizados apenas em 1733. (6)

A biblioteca real de Coimbra é um dos dois empreendimentos arquitetónicos mais importantes e remanescentes do reinado de D. João V, sendo o outro o real convento e palácio de Mafra, cuja construção começou em 1717, com traçado e supervisão de João Frederico Ludovice. Um terceiro grande monumento, a igreja Patriarcal, em Lisboa, foi completamente destruído no terramoto de 1755. (7) A biblioteca simboliza também a afeição do rei pela difusão do saber, constatada igualmente pela fundação da Real Academia de História, em 1721, que apoiou de forma ativa durante toda a sua vida.

A biblioteca real é também um dos mais belos edifícios construídos na Europa durante a primeira metade do século XVIII. Por estas razões, é especialmente de lamentar que o nome do seu arquiteto seja ainda desconhecido.

No arquivo da Universidade de Coimbra encontram-se os livros de contabilidade que referem os gastos da sua construção. Apesar de volumosos e recheados de informações relativas a pagamentos a executantes menores, (8) não fornecem nenhuma indicação sobre o responsável pelo projeto arquitectónico e a decoração da Biblioteca. O contrato, caso tenha existido um, poderá ter ficado na corte em Lisboa e desaparecido, juntamente com tantos outros documentos, no terramoto de 1755.

Tem sido sugerido Frederico Ludovice como autor do projeto, pelo facto de ser arquiteto régio. (9) Contra esta premissa, no entanto, está o facto de não haver provas que Ludovice tenha entrado ao serviço do rei antes de 1717 e, mais importante, nada na biblioteca de Coimbra demonstra afinidade com o trabalho de Ludovice, que foi predominantemente de características italianizantes, refletindo, em escassas ocasiões, o gosto germânico da sua terra natal. (10)

Inversamente, o edifício é pleno de remissões ao trabalho de Claude Laprade. Se tomarmos em linha de conta estas ligações, chegamos à conclusão inevitável, que o escultor francês deverá ter tido um papel relevante na decoração do edifício.

Como sabemos, Laprade trabalhou extensivamente e, aparentemente, com sucesso para a Universidade de Coimbra.[122] A este respeito deve ser notado, que entre as incumbências que levou a cabo para D. Nuno da Silva Teles, está a decoração da porta da que era então a biblioteca da Universidade, com um relevo que, apropriadamente, representa livros (11). O retrato em mármore de D. João V na sacristia de S. Vicente em Lisboa (12) tê-lo-á, possivelmente, posto em contato com o mecenas do novo edifício da biblioteca. Estes feitos, por si só, justificam que se possa considerar a hipótese de Claude Laprade ter sido considerado para este empreendimento. A estes factos podem ainda juntar-se a novidade do seu estilo, baseado em larga medida no estilo de Luís XIV, um soberano cuja magnificência D. João V tanto admirava, e que só os esforços da sua *entourage* impediram de ir a Paris e Versailles, após a assinatura da paz em Utrecht. (13) Possuir uma grande biblioteca em estilo francês em Coimbra e uma notável igreja e residência italiana em Mafra poderão ter parecido ao rei substitutos bastante para os seus planos frustrados de uma viagem a França. Estamos, no entanto, no reino das hipóteses.

Ainda assim, mesmo não se aceitando a possibilidade de que um escultor francês relativamente desconhecido, possa ter recebido uma comissão tão grandiosa, evidências internas indicam, que mesmo que o desenho para a biblioteca tenha sido enviado de fora de Coimbra, ele foi largamente modificado por Claude Laprade.

O edifício de um só piso apresenta uma área de aproximadamente 35,5m X 17,5 m. A entrada que dá para o pátio é dominada por um

[122] Smith, R. C. (1954). Early works of Claude Laprade and the style Louis XIV in Portugal. *Gazette des Beaux-Arts*. Outubro, 163-190.

grande portal em pedra da região, que se desenvolve por cima de um baixo *perron*[123] de cinco, quase impercetíveis, degraus. Estes dois elementos de pedra, em bela proporção com a fachada, contrastam a cor dourada que ostentam com a brancura caiada das paredes. O desenho do portal, que representa um belo arco entre colunas jónicas emparelhadas, que suportam uma secção de entablamento, faz lembrar as fachadas de J.H. Mansard em Versalhes e do Grand Trianon e relaciona-se diretamente com um arco triunfal desenhado pelo arquitecto e decorador francês *émigré*[124], Daniel Marot, uma década, ou mais, antes. (14)

O revestimento da pedra revela por detrás das colunas, com discos circulares entre compartimentos retangulares, mais um elo de ligação com a arte do reinado de Luís XIV, já que esta foi uma solução frequentemente utilizada em Versalhes.

A estas genéricas modenaturas francesas deve-se juntar o catálogo de estilemas de Claude Laprade, que pode ser encontrado no portal de acesso à biblioteca. Um dos mais impactantes é a série de sete saliências em forma de pássaros e rosetas, que se projetam do intradorso do arco, exatamente na mesma fórmula das que encimam o busto de D. José I, que se encontra perto[125], e que, por sua vez, se relacionam com as esculturas funerárias do arco do túmulo da Vista Alegre[126]. (15)

---

[123] Em francês no original, escadaria. Nota da tradutora.

[124] Em francês no original, emigrante. Nota da tradutora.

[125] O busto de D. José I está integrado no portal dos Gerais. A obra foi mandada construir no reitorado de D. Nuno da Silva Teles a Claude Laprade. O busto inicial deveria ser o de D. Pedro II, mais tarde substituído pelo de D. José I, aquando da reforma dos Gerais efectuada sob a supervisão do Marquês de Pombal. Cf. Pimentel, A.F. (2000). Cidade do saber/ cidade do poder: a arquitectura da reforma (pp. 265-268). In Ana Cristina A. (ed.). *O Marquês de Pombal e a Universidade*. Imprensa da Universidade de Coimbra; *idem*, A Biblioteca da Universidade e os seus espaços. (pp. 11-21). In A. E. Maia do Amaral. (ed.). *Tesouros da Biblioteca Geral da Universidade de Coimbra*. Imprensa da Universidade de Coimbra e Mendes P. e Fiolhais C (2013) - *Biblioteca Joanina. Universidade de Coimbra* (pp. 25-26). Imprensa da Universidade de Coimbra.

[126] Refere-se ao túmulo do bispo de Bragança-Miranda, D. Manuel de Moura Manuel, esculpido por Laprade em 1689 e edificado na capela de Nossa Senhora da Penha de

Fig. 31 Fachada da Biblioteca Joanina. © Nuno Antunes

Fig. 32 Vista do Grand Trianon. Versalhes. França. © Maria João Petisca

Fig. 33 Intradorso do portal da Biblioteca Joanina.
© Sílvia Ferreira

Fig. 34 Intradorso do Pórtico dos Gerais. Universidade de Coimbra. Portugal
© Sílvia Ferreira

Fig. 35 Intradorso do arco do monumento fúnebre de D. Manuel de Moura Manuel.
Capela da Vista Alegre. Ílhavo. Portugal © Sílvia Ferreira

O arco da porta de entrada da biblioteca ergue-se sobre blocos sobrepostos sustentados por longos suportes, aos quais se encontram afixados pássaros, cujo tratamento é semelhante ao que encontramos na fénix e na águia do monumento do bispo de Miranda. As colunas revelam ainda mais evidências da intervenção de Laprade, pois nos seus capitéis, cujas volutas parecem ter uma escala desproporcional em relação ao fuste, estão colocadas máscaras em miniatura, quase iguais às da Vista Alegre e àquelas que surgem nas vestes das estátuas das salas de aula da Universidade de Coimbra.[127] (16)

Podemos entendê-las aqui como reminiscências das cabeças de Apolo usadas na mesma posição nos capitéis da denominada ordem francesa, que Charles Lebrun desenhou para o Louvre ou como variantes desse mesmo tema. (17) Estas máscaras reaparecem nas bicas da cornija do edifício da biblioteca, seguindo uma prática que remonta aos tempos do Manuelino.

Esta reutilização e revivalismo, que se inspira nos fechos das abóbadas do tardo-gótico português, são características das opções de Laprade e enquadram-se no seu gosto decorativo arrojado e intenso. Uma outra prova do respeito que nutria pelas práticas arquitetónicas do país, pode ser encontrada no uso de largas pilastras estriadas, em pedra, colocadas nos ângulos do edifício e que, juntamente com a simplicidade da cornija e do parapeito, enquadram as cintilantes paredes caiadas de branco. Esta é uma característica bastante comum a todos os edifícios portugueses de finais do século XVII e inícios do XVIII. (18)

França, na Quinta da Vista Alegre, em Ílhavo, norte de Portugal. Cf. Ferreira, S. (2017). From Stone to Wood: Claude Laprade (c.1675-1738) and his Journey from Provence to Portugal (pp. 53-59). In Kathrin W. Jessica D. and Matej K. (eds.). *Artists and Migration 1400-1850. Britain, Europe and beyond.* Cambridge Scholars Publishing, 2017; *Idem* (2019). Claude Laprade: um escultor do Barroco entre a Provença e Portugal (pp. 174-183). In Paulo A.F. e Ana Paula A. (eds.) - *Lisboa Plural: 1147-1910.* Museu de Lisboa.

[127] Refere-se às estátuas que Laprade esculpiu para figurarem nas salas de aula dos Gerais da Universidade. Entre elas contam-se as da Justiça, da Medicina, da Geografia, etc.

Fig. 36 Pássaro na decoração do arco do portal da Biblioteca Joanina.
© Nuno Antunes

Fig. 37 Pormenor do túmulo do bispo de Miranda, D. Manuel de Moura Manuel. Capela da Vista Alegre. Ílhavo. © Sílvia Ferreira

Fig. 38 Capitéis e volutas com máscaras. Portal da Biblioteca Joanina de Coimbra. CFT001.12365 © Robert C. Smith. Legado Robert Chester Smith, Fundação Calouste Gulbenkian, Biblioteca de Arte e Arquivos, Lisboa.

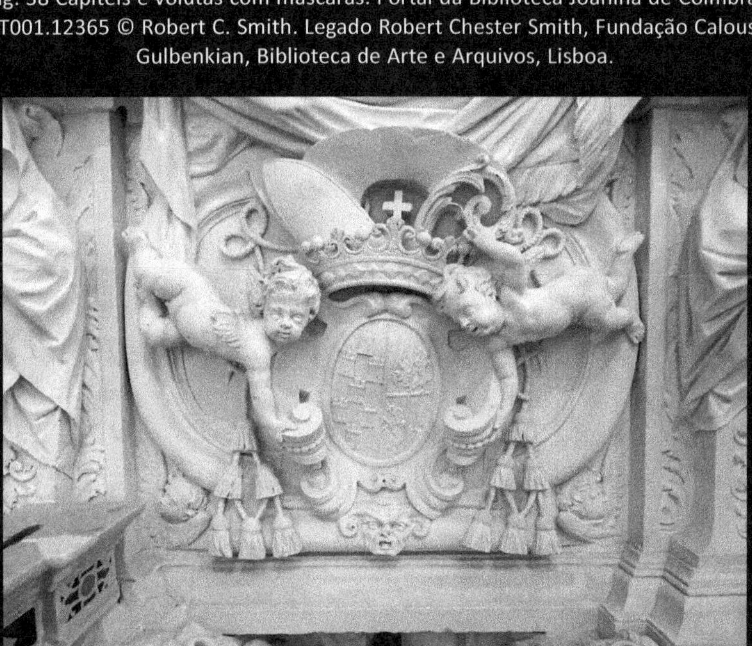

Fig. 39 Pormenor das Armas do Bispo D. Manuel de Moura Manuel com máscara na parte inferior. Capela da Vista Alegre. Ílhavo. © Sílvia Ferreira

Fig. 40 Bica na cornija da Biblioteca Joanina. © Nuno Antunes

Chegados a este ponto, é oportuno realçar que um desenho semelhante ao da fachada da biblioteca de Coimbra já tinha surgido em
Lisboa. Foi visto num dos arcos levantados aquando do casamento de
D. João V, em 1708. Este arco tinha uma abertura central enquadrada
por um par de pilastras jónicas, encimadas por cariátides ou meios
corpos masculinos. Na parte central do entablamento, observava-se
um friso almofadado sobrepujado por uma tarja oval[128]. Todos estes
detalhes sugerem a autoria de Claude Laprade. (19)

Finalmente, há uma evidência contida numa inscrição latina dentro do edifício da biblioteca. Por cima da filactera, que acompanha
uma figura feminina identificada como *Universitas*, observada no
teto pintado da sala central, surgem as palavras:

"CLAUDITE JAM RIVOS PUERI SAT.

PRATA BIBERUNT"

Esta citação, que é a última linha da terceira écloga de Virgílio,
pode ser traduzida por "Fechem os ribeiros rapazes, as margens
beberam até se fartar".[129] O seu significado reside não nas palavras, mas no seu posicionamento. O hexâmetro foi deliberadamente
quebrado para criar duas linhas, ao invés de uma só e, deste modo,
produzir duas palavras sequenciais, Claudite e Prata, no início de
cada linha. É evidente que estas duas palavras em latim sugerem o
nome de Claude Laprade.

---

[128] Na *Discripçam do arco triunfal que a naçam Ingleza mandou levantar
(...)* (1708). Officina de Valentim da Costa Deslandes (p. 4), pode ler-se: "para que
o arco fosse igual em tudo à liberal grandeza da Nação, delineou o arco Carlos
Gimac, filho da valerosa ilha de Malta". Sobre a vida e obra de Carlos Gimac, veja-
-se Carvalho, A. (1962) - *D. João V e a arte do seu tempo.* (pp. 246-311). Edição de
autor. II. Pensamos que o que Smith eventualmente quis dizer nesta passagem, é
que Laprade poderia ter colaborado no desenho e na execução de alguns dos arcos
das festas de casamento de D. João V e mesmo neste de Carlos Gimac, esculpindo
algumas das suas figuras de vulto.

[129] Tradução a partir da versão inglesa deste texto. Nota da tradutora.

Não podem restar dúvidas, que a inscrição foi escolhida para representar uma alusão ao nome do escultor francês e isto é sublinhado pela quebra deliberada de linha. Não se consegue descortinar outro motivo para que o nome do escultor se encontre referido nesta forma tipicamente académica nas paredes da biblioteca da Universidade de Coimbra, se não a de que ele teve algo a ver com a sua criação. Em face destas múltiplas razões é perfeitamente admissível atribuir a Claude Laprade um dos principais papéis na concepção e decoração da biblioteca real de Coimbra.

A *mise-en-scène* da fachada é sóbria, quase austera, em comparação com os primeiros trabalhos do escultor. É preciso lembrar, que Laprade estava a lidar com arquitetura e não com escultura e esta simplicidade fazia parte da tradição arquitetónica, quer de França quer de Portugal. Também é possível, que um Laprade mais maduro se tenha apercebido do valor da contenção numa decoração exterior cuidadosamente coordenada. Prova-se este facto pela eficácia da soberba tarja com as armas reais e a coroa, uma grandiosa composição plástica que domina a simples, plana e ordenada arquitetura do resto do edifício. Também aqui se deteta a mão e o espírito de Claude Laprade. Manifestam-se na máscara gemente da base e na vieira pregueada, a qual parece jorrar água sobre as flores e pássaros da grande grinalda pendente e, também, nos curiosos e ricamente ornamentados elementos semelhantes a juncos, que ladeiam o escudo. As tarjas interiores têm uma forma espiralada barroca, que lhes transmite movimento. Por sua vez, as exteriores terminam em pequenas bolas, que sensorialmente se relacionam com as tampas das urnas no parapeito, promovendo ligação com a obra de talha do interior da biblioteca. Entradas no livro de contas da biblioteca, relativas a pagamentos a pessoas no decurso da obra, estabelecem uma datação para a porta. No mês de Dezembro de 1719 foi feito pagamento de uma máquina para levantar e posicionar as colunas e o lintel do "pórtico da Livraria". Em Abril de 1720 a obra estava acabada. (20)

Fig. 41 Teto da sala central da Biblioteca Joanina de Coimbra. CFT001.02897 © Robert C. Smith. Legado Robert Chester Smith, Fundação Calouste Gulbenkian, Biblioteca de Arte e Arquivos, Lisboa.

Fig. 42 Teto da sala central da Biblioteca Joanina de Coimbra. © Nuno Antunes

Fig. 43 Cartela que encima o portal da Biblioteca Joanina. CFT001.12325
© Robert C. Smith. Legado Robert Chester Smith, Fundação Calouste Gulbenkian,
Biblioteca de Arte e Arquivos, Lisboa.

As três nobres salas, cada uma medindo cerca de 9,5m X 13m, deste "magnifico edifício" (21) têm, desde a sua realização, sido ampla e justificadamente admiradas. (22) Por vezes, têm sido comparadas com o interior da Biblioteca Imperial de Viena da autoria de Johann Fischer von Erlach, que data de 1721. (23) No entanto, esta comparação não é sensata, pois há pouco em comum entre os dois edifícios, para além das pinturas alegóricas do teto e da sumptuosa exposição dos seus livros. A biblioteca austríaca é uma estrutura italianizante, que faz depender o impacto do seu interior da criação de um amplo espaço, que deriva da existência de uma única e bem dimensionada sala, iluminada por uma cúpula e emoldurada por paredes de pedra. Em Coimbra, a área interior é deliberadamente subdividida, de modo a produzir três espaços suficientemente idênticos e proporcionais, criando assim uma maior aproximação entre o observador e o espaço que o rodeia. Estas opções são essenciais para o sucesso da sua decoração, que, apesar de majestosa, produz uma sensação de intimidade, transmitida pelo ambiente caloroso e minucioso da obra de talha dourada e policromada, da qual é quase inteiramente composta.

Em ambos os aspetos o interior é eminentemente português. Em Portugal, a larga escala foi praticamente sempre preterida em favor de construções de proporções mais moderadas que, frequentemente, não se apresentam abobadadas. O revestimento dos interiores em talha dourada, uma das maiores realizações da arte portuguesa, atingia no início do século XVIII o seu máximo esplendor. (24)

Portanto, quem quer que seja que tenha desenhado a biblioteca de Coimbra estava totalmente familiarizado com o gosto português, tal como Claude Laprade deveria estar depois de uma estadia de duas décadas em Portugal. Logo no início da sua carreira começou a introduzir elementos portugueses no seu trabalho. Na talha repetem-se alguns dos motivos da fachada e outros conduzem, inevitavelmente, às suas primeiras obras. Como resultado, o interior da biblioteca, tal como implícito na inscrição de Virgílio, é dominado pela sua personalidade. A Laprade deverá ser atribuída a responsabilidade pela escolha dos principais motivos decorativos, embora não seja legitimo argumentar que ele, até então conhecido apenas como um escultor pétreo, seja o responsável pela grande parte do trabalho de entalhe. Tal seria injustificado, quer pela observação da obra, quer pela existência de documentação que comprova o contrário. Só ocasionalmente é que esta talha sugere os estilemas de Laprade. Não pode haver dúvida que a maior parte da obra de talha foi esculpida por um grupo de artesãos dirigidos pelo mestre entalhador João Roiz de Almeida, pois os nomes de alguns deles estão preservados nos livros de contas da obra existentes no arquivo da Universidade. (25)

O interior da Biblioteca de Coimbra apresenta-se como um prolongamento do seu exterior, tal o sentido de unidade que o edifício encerra. O grande portal de arco de volta perfeita que domina a fachada é repetido quatro vezes dentro da biblioteca, estando as superfícies de madeira pintadas com veios em rosa e creme, simulando o mármore.

As escolhas compositivas e plásticas destes arcos são basicamente as mesmas do exterior. Aqui identificam-se os mesmos suportes com pássaros, individuais na entrada e na parede exterior do edifício, duplos nos arcos de dupla face, que dividem as salas do interior do edifício. Observam-se as mesmas saliências no intradorso dos arcos, embora estas sejam agora douradas, tal como os suportes por baixo e os pendentes alternados, que são um pouco mais longos. No topo e ao centro dos arcos estão colocadas tarjas encimadas pela coroa real, com elementos laterais excêntricos, havendo grande parecença com os elementos em torno do escudo do exterior. Enormes grinaldas douradas idênticas às da fachada, exceto nos pequenos pássaros que aqui estão ausentes, pendem da tarja em drapeado, fixas na parede

Fig. 44 Vista das salas da Biblioteca Joanina.© Nuno Antunes

Fig. 45 Cartelas encimando os arcos que dividem as salas da Biblioteca Joanina.
© Nuno Antunes

por grandes argolas douradas. As tarjas estão decoradas com os símbolos das faculdades da Universidade, dentro do espírito dos relevos de Laprade, que encimam as portas do Pátio dos Gerais. Uma, em particular, representando livros sobre uma mesa com cobertura drapeada, é praticamente idêntica. (26)

O grande escudo policromado, que ostenta as armas reais, colocado por cima do retrato do mecenas, (27) ao fundo da última sala, inclui na sua rica orla uma máscara de boca aberta, emoldurada por uma concha. Este é um elemento que, embora de forma alguma tenha sido inventado pelo escultor, está intimamente associado ao seu trabalho. Assim, como também o estão as faces longas, bocas a fazer beicinho e os braços roliços dos *putti* voadores, presos à parte superior do escudo, detalhes que podem ter sido esculpidos pelo próprio Laprade, tal como a incisiva iconografia das faixas que pendem das trombetas dos anjos, que se encontram por baixo. Uma apresenta a esfera armilar real e a cruz da Ordem de Cristo, enquanto na outra surge uma grandiloquente coruja simbolizando o conhecimento erudito. (28)

Os duplos suportes das cornijas, aos quais estão presas pequenas e firmes grinaldas, remetem para o monumento a D. José I, assim como o fazem os cestos de flores, as bases cónicas e os balaustres das varandas ao redor das estantes dos livros. Estes *gaines*[130] tão populares entre os desenhadores de mobiliário de Luís XIV, são quase idênticos na sua forma e decoração floral às bases dos Atlantes dos Gerais, proporcionando ainda mais evidências para o argumento da ligação de Claude Laprade à obra da biblioteca. No topo destes suportes invulgares observam-se volutas espiraladas, que fazem lembrar os ornamentos em veludo usados por Marot e outros designers franceses para camas de aparato e outro mobiliário cerimonial.

---

[130] Em francês. Nota da tradutora.

Fig. 46 Cartela em sobreporta no Pátio das Aulas dos Gerais. Universidade de Coimbra.
© Nuno Antunes

Fig. 47 Pássaros nos arcos que dividem as salas da Biblioteca Joanina.
© Nuno Antunes

Fig. 48 Composição decorativa que encima o retrato de D. João V. CFT001.12415
© Robert C. Smith. Legado Robert Chester Smith, Fundação Calouste Gulbenkian,
Biblioteca de Arte e Arquivos, Lisboa.

Fig. 49 Pormenor dos balaústres das varandas da Biblioteca Joanina com cestos de flores. CFT001.12326 © Robert C. Smith. Legado Robert Chester Smith, Fundação Calouste Gulbenkian, Biblioteca de Arte e Arquivos, Lisboa.

Fig. 50 Terceira sala da Biblioteca Joanina com o retrato de D. João V ao fundo.
© Nuno Antunes

Fig. 51 Estípites da Biblioteca Joanina de Coimbra. CFT001.27228

Fig. 52 Pormenor da pintura de Chinoiserie na Biblioteca Joanina de Coimbra.
CFT001.12319 © Robert C. Smith. Legado Robert Chester Smith, Fundação Calouste
Gulbenkian, Biblioteca de Arte e Arquivos, Lisboa.

Grande parte do trabalho em madeira das três salas é habilmente ornamentado com decoração de *chinoiserie* vermelha e escura. As pinturas pseudo-orientais são sugestivas da influência francesa, especificamente do período de Luís XIV, quando a decoração total das paredes com estes motivos, de que é exemplo um dos mais famosos interiores desenhados por Marot, passou a gozar de uma grande popularidade. (29)

Em Coimbra existe uma importante influência do interior da Biblioteca. Refiro-me à sacristia da pequena igreja de Santo António dos Olivais, cuja data de execução não se consegue precisar mais do que o primeiro quartel do século XVIII. (30) As principais semelhanças desta pequena bela divisão com a biblioteca joanina são o arco em madeira do nicho do altar, com reduzida decoração relevada no intradorso, as conchas agitadas do frontão e a sua pedra angular e ainda o entalhe das estrias das pilastras, que fazem lembrar os capitéis das estantes da Biblioteca. Na larga faixa dourada que percorre o meio das paredes, com incorporação de máscaras de bocas abertas (31) e nas grinaldas sob baldaquinos, semelhantes a cascas de banana, reconhecem-se elementos que recordam o trabalho de Laprade. Porém, estas afinidades não são suficientemente fortes para permitirem a atribuição da obra desta sacristia ao escultor. Parece mais sensato considerá-lo um trabalho de alguém profundamente impressionado com o seu estilo, talvez um ou mais escultores que tenham trabalhado na Biblioteca da Universidade de Coimbra. (32)

Existe também em Aveiro um edifício deste período, que parece indubitavelmente demonstrar a intervenção direta de Claude Laprade. A igreja do Senhor Jesus das Barrocas foi começada em 1707 para uma Irmandade de Pescadores (33), que tal como os de Matosinhos, perto do Porto, atribuíram poderes especiais a uma imagem de Cristo crucificado, que estava na sua posse. (34) A igreja, de planta octogonal, estava terminada em 1722 (35) e, de acordo com Reynaldo dos Santos, a mesma sugere a mão do arquiteto real

Fig. 53 Sacristia da igreja de Santo António dos Olivais, Coimbra. © Sílvia Ferreira

Fig. 54 Arco triunfal da capela da sacristia da igreja de Santo António dos Olivais. Coimbra. © Sílvia Ferreira

Fig. 55 Altar da sacristia da igreja de Santo António dos Olivais. Coimbra.
© Sílvia Ferreira

Fig. 56 Mascarão sobre os arcazes da sacristia da igreja de Santo António dos Olivais. Coimbra. © Sílvia Ferreira

João Antunes (36), que esteve em Aveiro no início do século XVIII, em virtude do trabalho que realizou no túmulo da Infanta Santa, localizado no Convento de Jesus, e a sua predileção por este tipo de plantas poligonais era bem conhecido. A atribuição é convincente, pela forma austera do estilo maneirista da estrutura em granito e a sua semelhança com um conhecido trabalho de Antunes, a igreja da Senhora da Cruz em Barcelos e a planta da igreja do Menino Deus (37) em Lisboa, que lhe é atribuída. A planta octogonal desta última, repetida nas Barrocas, teve variações em várias capelas construídas em Aveiro no início do século XVIII, sendo a maior de todas a hexagonal de S. Gonçalo, datada de 1714, segundo inscrição na sobreporta.[131] A igreja do Senhor das Barrocas distingue-se destes outros edifícios menos grandiosos pela sua decoração exterior, que respira magnificência régia.

Expressa-se este carácter nos três portais em pedra calcária de Ançã, que, lamentavelmente, sofreram estragos consideráveis pela exposição aos ventos fortes que sopram do mar e por um longo período de negligência, durante o qual a Irmandade parece ter abandonado o seu belo edifício. O desenho dos três portais mostra inequívocas evidências do estilo de Claude Laprade (38), mas com adição de novos e significativos elementos.

Nas portas laterais, a decoração consiste numa tarja ricamente emoldurada, exibindo um emblema danificado entre dois meninos, que se espraiam pelo frontão, ladeado por um par de ornamentos de folha de acanto. Estes acompanham a despojada moldura pétrea da porta, estendendo-se até ao friso superior da mesma.

Alberto Souto já tinha chamado a atenção para a analogia entre estes conjuntos decorativos e aquele que encima a porta da Biblioteca

---

[131] Veja-se sobre esta igreja, o estudo recente de Pimentel, H. *(2018). Plantas Centralizadas na Cidade de Aveiro: A capela do Senhor das Barrocas (1722-1732).* (Dissertação de mestrado em arquitetura apresentada à Universidade de Coimbra, FCTUC).

Fig. 57 Portal da igreja do Senhor das Barrocas anterior a 1959, ainda com os dois anjos adultos sobre o entablamento. Postal ilustrado. Cedido por José Rebocho Cristo

Fig. 58 Portal da igreja do Senhor das Barrocas posterior a 1959. Um dos anjos no entablamento do portal já tinha caído. In Nogueira Gonçalves, A (1959) - Inventário Artístico de Portugal. Distrito de Aveiro. VI. Lisboa

Fig. 59 Fachada da igreja do Senhor das Barrocas. Aveiro. © Sílvia Ferreira

Fig. 60 Igreja do Senhor das Barrocas. Portal principal. Aveiro. © Sílvia Ferreira

Fig. 61 Igreja do Senhor das Barrocas. Pormenor do portal principal. Aveiro.
© Sílvia Ferreira

Fig. 62 Igreja do Senhor das Barrocas. Pormenor do intradorso do arco do portal
principal. Aveiro. © Sílvia Ferreira

Fig. 63 Igreja do Senhor das Barrocas, Porta lateral, Aveiro. © Sílvia Ferreira

Fig. 64 Igreja do Senhor das Barrocas. Porta lateral. Aveiro. © Sílvia Ferreira

de Coimbra, especialmente para o pormenor de uma mesa coberta (39), mas sem mencionar as conexões flagrantes com a decoração do interior da biblioteca.

As semelhanças podem ser detetadas logo nos relevos de mesas cobertas que encimam os arcos do interior da Biblioteca. Continuam nos acantos que as ladeiam, os quais acompanham a forma da arquitetura e têm a mesma forma de pluma que as de talha dourada, que franqueiam as cortinas do lambrequim do retrato de D. João V, situado ao fundo da biblioteca. O emolduramento da tarja de Aveiro, não se limita já a um simples círculo, como foi usado nas sobreportas das salas de aula de Coimbra, mas adquire antes a excentricidade barroca das cartelas do interior da Biblioteca, usando igualmente a sugestão dos motivos espiralados quebrados, na parte inferior da moldura. Também apresenta parecenças com a cartela do exterior da Biblioteca, pois na parte inferior observa-se uma grinalda semelhante àquela, muito bela, dependurada no entablamento da Biblioteca, igualmente sobrepujada por uma vieira nervada, tal como se observa no escudo exterior em Coimbra. Finalmente, para concluir a demonstração da relação entre estes conjuntos, assinale-se que a base da concha de Aveiro evolui para uma máscara, tal como se observa por baixo da tarja com as armas reais, no interior da biblioteca de Coimbra. Esta nova máscara, representando o rosto rechonchudo de um homem com bigodes encaracolados, lembra algumas das cabeças usadas nas pedras angulares dos arcos dos pisos térreos da arquitetura de J.M. Mansart e da sua escola.

O alinhamento dos frontões nas portas mais pequenas em Aveiro tem, porém, pouca ou nenhuma relação com o referido estilo francês, pois estas são recuadas, à semelhança das molduras de janelas e portas de Francesco Borromini. (40) Este novo elemento do design é italianizante. Claude Laprade poderia ter contatado com ele, através das ilustrações de *Architettura Civile* de Fernando Bibiena, (41) bem como através de contactos com arquitetos italia-

Fig. 65 Pormenor de máscara inserta em vieira na parte inferior do escudo que encima o retrato de D. João V. Biblioteca Joanina de Coimbra. CFT001.12482 © Robert C. Smith. Legado Robert Chester Smith, Fundação Calouste Gulbenkian, Biblioteca de Arte e Arquivos, Lisboa.

Fig. 66 Máscara no Hotel du Carnavelet. Paris. França © Sílvia Ferreira

nos liderados por Fillipo Juvara, que, recentemente, tinha passado seis anos em Portugal. (42)

Semelhante em espírito e estilo é o relevo em semicírculo que se observa na parede interior da galilé da igreja de Aveiro,[132] datada do século XVII. (43) Esta escultura danificada, que mostra um S. João Baptista menino, brincando com minúsculos *putti* no meio de volutas, remete para Claude Laprade, pois apresenta a maior semelhança com os meninos das sobreportas das aulas dos Gerais de Coimbra, de 1702 e os das portas laterais do Senhor das Barrocas. Mais semelhanças com esta obra podem ser encontradas nas volutas que encimam o santo[133], entre as quais estão dois pares de minúsculas máscaras parecidas com as das portas mais pequenas, em Aveiro.[134] As marcações a punção, do pelo do cordeiro, recordam-nos trabalhos anteriores do escultor. De igual forma, a posição dos *putti,* abraçando os caules na parte inferior do relevo, tem, sem dúvida, relação com as atitudes dos querubins voadores do túmulo do Bispo, na Vista Alegre. Por fim, há ainda a sugestão das opções naturalistas das primeiras obras do escultor, de que a forma realista como trabalhou os cedros ao fundo da composição é exemplo.

Embora a graça desta escultura possa ser comparada à vivacidade de ilustrações do século XVIII, o uso da forma do semicírculo encimando o arco do portal de entrada demonstra, uma vez mais, vez a influência da decoração francesa do século XVII. O motivo surge em algumas das grandes casas de Paris, incluindo o Hotel de Carnavalet, que François Mansart reconstruiu em 1654, e o hotel

---

[132] Sem indicação da igreja a que faz menção. Refere-se à igreja do antigo convento dos religiosos carmelitas de Aveiro, cf. Gonçalves, A.N. (1959) - *Inventário Artístico de Portugal. Distrito de Aveiro.* (pp. 127-130).VI. Neves, A. (1984). *Aveiro. Arte e História; História da Arte em Portugal.* (1986). VII. Edições Alfa.

[133] Continua a referir-se a São João Baptista.

[134] Refere-se à igreja do Senhor das Barrocas.

Fig. 67 Parede interior da galilé da igreja dos Carmelitas de Aveiro. Relevo representando S. João Baptista. © Sílvia Ferreira

Fig. 68 Brasão de D. Manuel de Moura Manuel ladeado por meninos. Túmulo de D. Manuel de Moura Manuel. Capela da Vista Alegre. Ílhavo. © Sílvia Ferreira

de Cottard Amelot de Bisseuil de 1657-1660 de Thomas Regnaudin, representando a *Guerra e a Paz* e *Rómulo e Remo*. (44)

A data de 1711, que surge na parede, pode ou não referir-se ao relevo Carmelita. Existem, contudo, motivos para acreditar que a intervenção na igreja das Barrocas foi feita cerca de uma década depois, quando esta igreja estava quase acabada. O portal principal deste edifício apresenta relação na composição dos seus elementos com aquele da biblioteca da Universidade de Coimbra, relação que já foi assinalada no portal mais pequeno. Na parte inferior assinala-se uma reprodução quase idêntica da moldura da porta de Coimbra, com exceção para o par de colunas jónicas, mais recuado. Observa--se aqui idêntico apainelamento geométrico das ombreiras e, por cima do arco, o mesmo rolo de pergaminho com inscrição latina. (45) Reconhece-se, ainda, o mesmo emolduramento no intradorso do arco, do qual pendem grinaldas, a par de uma tarja de decoração elaborada, que, apesar de muito danificada, apresenta as mesmas folhas de acanto, máscara, grinalda de flores e elementos decorativos espiralados. Para além disso, na porta da igreja do Senhor das Barrocas observa-se nos capitéis a mesma série de máscaras em miniatura e idêntico tratamento ao observado na parte inferior do entablamento do portal da biblioteca de Coimbra.

Por último, nota-se uma estimulante analogia entre o conjunto de minúsculas bolas colocadas de forma intermitente nos dentículos do portal de Aveiro com aquelas do topo das urnas do portal da Biblioteca e as das tarjas de talha do seu interior.

Contudo, detetam-se pequenas diferenças, pois o portal da igreja do Senhor das Barrocas não é uma cópia fiel daquele da Universidade de Coimbra. Os pássaros foram removidos dos emolduramentos em Aveiro e colocados no tímpano do arco. Em Coimbra, pelo contrário, optou-se pela ausência de decoração naquele espaço.

A parte inferior do entablamento, em Aveiro, é centralmente enriquecida por uma máscara. As suas colunas salientes, ao invés de suportarem

Fig. 69 Relevo inserto em semicírculo no portal do Hotel Carnavelet. Paris.

Fig. 70 Coluna e capitel do portal principal da igreja do Senhor das Barrocas. Aveiro.
© Sílvia Ferreira

urnas em plintos altos, como em Coimbra, sustentam fragmentos de arco, que terminam em enrolamentos de pergaminho. Todas as mudanças e, em particular, o novo posicionamento das colunas, criam um efeito rico e dramático que sublinha a qualidade barroca da sua conceção.

A composição em Aveiro atinge o clímax na parte superior, que não apresenta relação com o portal de Coimbra, embora subsistam ainda algumas ligações ao estilo de Claude Laprade. Todos estes elementos reafirmam a atribuição de toda a obra a este escultor.

Aqui, ele regressou ao alinhamento vertical das figuras, que antes já usara no monumento real de Coimbra e no túmulo da Vista Alegre. Um par de estátuas femininas, desta vez representando anjos com símbolos da Paixão, encontrava-se inicialmente sentado em fragmentos de arco por cima da porta. Cerca de uma década atrás[135], porém, a imagem da esquerda caiu devido a uma tempestade e pulverizou-se no chão, e atualmente, só um único anjo, que ostenta a toalha de Santa Verónica, se mantém.[136] Esta estátua tem grandes parecenças com as alegorias do monumento a D. José I, em Coimbra, especialmente no tratamento do drapeado e no cabelo apanhado. A face é mais jovial, como convém a um anjo, semelhante ao anjo e à alegoria da justiça no túmulo do Bispo na Vista Alegre. Em cima de enormes volutas de acanto, por trás das angélicas figuras, que simulam transportar[137], estão dois animados *putti*, vigorosamente esculpidos, estátuas, que tal como as dos anjos, revelam um forte sentido teatral, a par de um conhecimento anatómico mais consistente do que aquele dos seus primeiros trabalhos.

Este movimento dramático, que se inicia na moldura da porta e se amplia nas estátuas da zona intermédia, atinge o seu clímax na

---

[135] Pensa-se que terá caído em inícios dos anos 60.

[136] Também esta estátua já caiu do referido portal. Os fragmentos das duas estátuas encontram-se em reserva no Museu de Aveiro.

[137] *"Train bearer"*, no original. Nota da tradutora.

Figs. 71 e 71 a Cabeça de anjo oriunda do entablamento do portal da Igreja das Barrocas, Aveiro, Reservas do Museu de Aveiro/ Santa Joana. © Sílvia Ferreira

Fig. 71 a

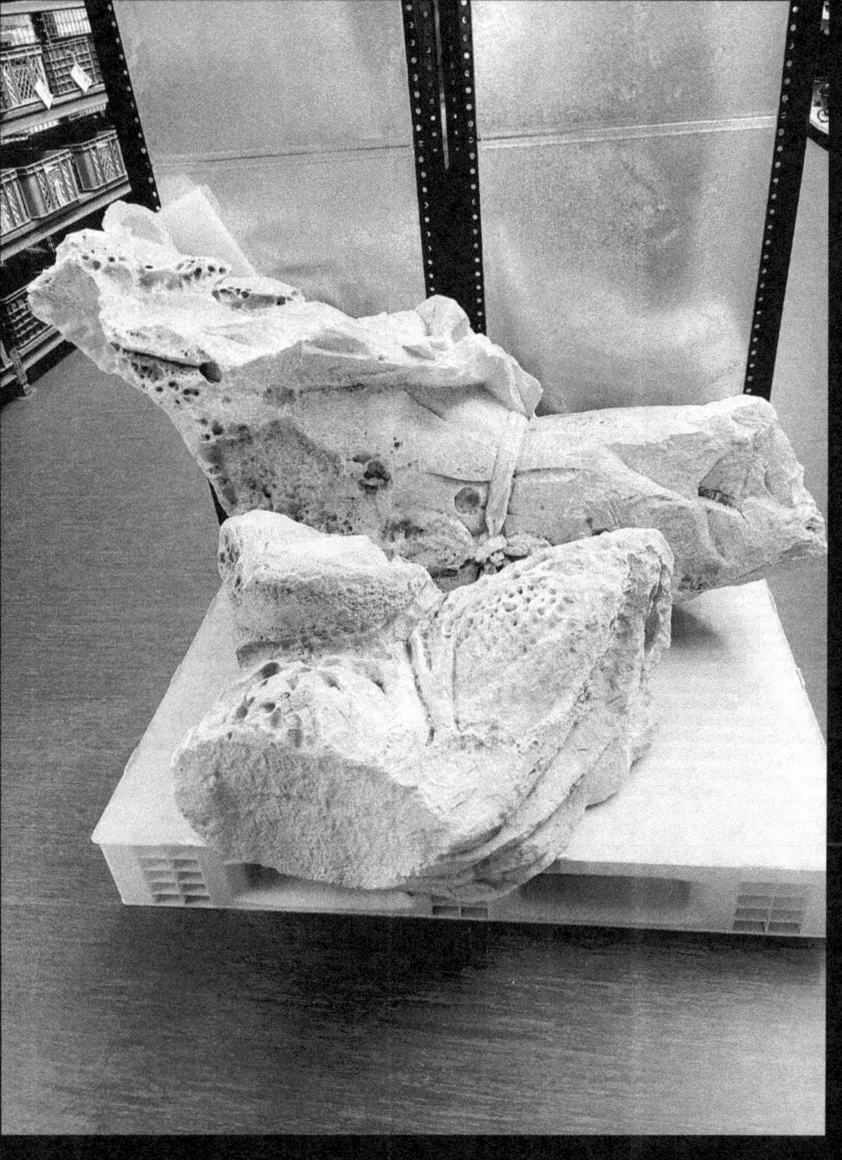

Figs. 72 a 74 Fragmentos das estátuas caídas do entablamento do portal da Igreja do Senhor das Barrocas. Fragmentos de corpo, da impressão da face de Cristo no lenço de Verónica e asas de um anjo. © Sílvia Ferreira

Fig. 73

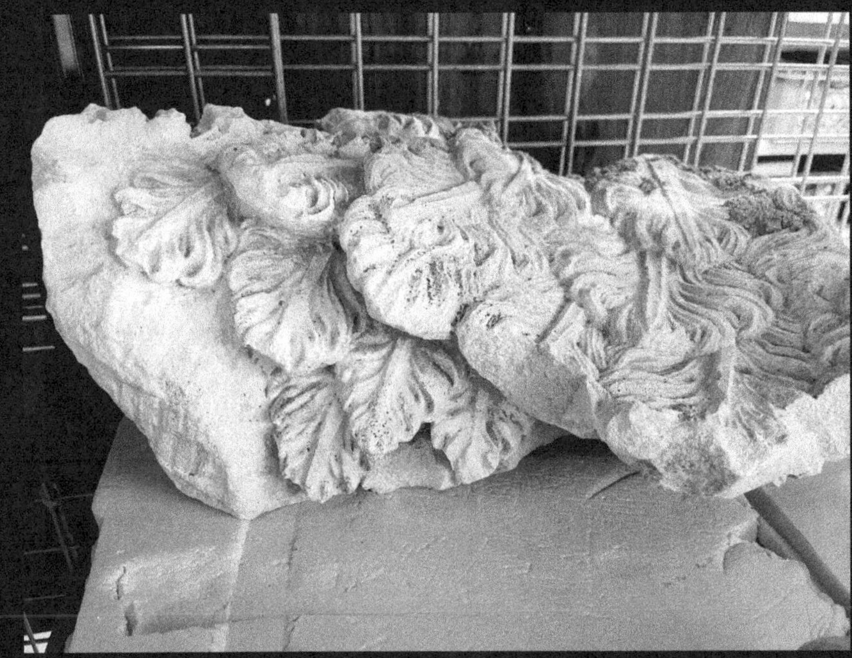

Fig. 74

composição do topo, onde, novamente, meninos entrelaçados em grinaldas de flores emolduram a decoração central. É o apogeu de um desenho que incorpora um cenário de janelas recuadas, cuja moldura exterior apresenta ângulos côncavos parecidos com os do rés do chão do *Collegio di Propaganda Fide in Rome* de 1647-1662, de Borromini. (46) Continuando em forma de abóbada na janela recuada, este é provavelmente o primeiro exemplo de um motivo usado muitas vezes na arquitetura Luso-Brasileira desse período. (47) Este perfil muito invulgar dita a forma do entablamento da porta, que culmina num frontão de requintado desenho, o qual, tal como as linhas que delimitam as portas laterais, complementa o enquadramento da janela e intensifica a unidade da decoração exterior da igreja. A forma conseguida na parte superior da porta, tal como a cabeça de serafim alada que acolhe, são fortemente Borrominescas e parecem derivar de uma das janelas do *piano nobile*[138], do Collegio di Propaganda Fide. Não será, porém, necessário assumir uma relação direta, já que o motivo de volutas que suportam este tipo de entablamento curto, em particular onde a secção do vértice se projeta ligeiramente para a frente das restantes, foi um dos elementos decorativos preferidos dos arquitetos da geração de Juvara. Amplamente disseminado em Portugal e no Brasil, especialmente na chamada arquitetura pombalina da segunda metade do século XVIII, (48) este tipo de frontão fez uma das suas primeiras aparições em Portugal na igreja do Senhor das Barrocas. A cornija ligeiramente curva do entablamento é repetida nos fragmentos de arco, em ambos os lados dos enrolamentos que surgem na tarja e que à vez repetem a forma das cornijas das portas laterais.

O magnifico portal da igreja em Aveiro termina com uma grande cruz numa base, que Laprade ludicamente introduz, e que remete para o desenho das torres do castelo e escudos reais do monumento

---

[138] Em italiano, andar nobre. Nota da tradutora.

de Coimbra, construído tendo por base três grandes dados. A ideia advém das armas reais de Portugal, (49) nas quais cinco escudos estão colocados de uma forma que sugere o número cinco dos dados. Assim, mesmo no topo deste portal em torre, é fornecida uma caprichosa evidência final apoiando a convicção de que Claude Laprade foi o seu autor.

O portal principal da igreja do Senhor das Barrocas não pode ser datado de forma exata. Sabemos que Laprade poderá ter trabalhado em Aveiro em 1711 no relevo de S. João Baptista da igreja de Nossa Senhora do Carmo.[139] Nesse período não há registos da sua atividade em Coimbra e é possível supor que o escultor aceitou este trabalho antes da encomenda do desenho para a biblioteca de Coimbra. É improvável, porém, que o portal da igreja das Barrocas preceda o da biblioteca de Coimbra, já que esta foi erigida em 1720. Podemos, então, conjeturar que, os encomendadores do edifício da igreja em Aveiro, tendo visto o portal de Claude Laprade em Coimbra, comissionaram uma versão mais elaborada para o seu próprio edifício, que poderia ter sido completada ao mesmo tempo que as portas mais pequenas, cerca de 1722, quando a igreja foi dedicada, ou até pouco tempo depois. A mestria da escultura, o brilhante movimento esvoaçante e o gosto italianizante presente em algumas partes da composição, todos argumentam para uma datação mais tardia, bem como o pouco que é conhecido dos desenvolvimentos subsequentes da carreira portuguesa de Laprade.

O interior da igreja do Senhor das Barrocas, ao contrário do da Biblioteca de Coimbra, não repete a decoração do exterior. (50) Existem, é verdade, certos pontos de ligação, tais como o drapeado das vestes das esculturas do altar-mor, os emolduramentos de grinaldas, os pendentes de talha presentes na abóboda da capela-mor, na base dos púlpitos e na cúpula do teto poligonal da

---

[139] Dos religiosos carmelitas descalços de Aveiro.

nave. Finalmente, observam-se também grupos de *putti* no topo dos púlpitos e, nas bases, máscaras de leão com conchas estriadas. Estas ligeiras parecenças, mais no tema do que no estilo, são contrabalançadas pela natureza díspar da moldura do altar-mor, pelo tratamento da abóbada da capela e sobretudo pelas figuras ingénuas de talha popular, que percorrem o retábulo. Pode ser que esta obra de talha tenha sido parcialmente desenhada por Laprade, mas realizada por um seguidor anónimo. É mais provável, contudo, que o desenho tenha sido realizado por um artista secundário, e que a pista para a sua identidade esteja patenteada nas minúsculas figuras masculinas com aspeto de Atlantes, sentadas por baixo das colunas do altar-mor. Uma figura semelhante aparece na base pétrea do púlpito da igreja matriz de Aguada de Cima, perto de Águeda, no distrito de Aveiro, vila, que no início do século XVIII pertencia ao padroado da Universidade de Coimbra. (51) Por esta razão, a este mesmo escultor pode ter sido pedido para imitar os Atlantes, as grinaldas de flores, conchas e tarjas características do trabalho de Claude Laprade para a Universidade.

Durante os anos seguintes a 1716, Claude Laprade atingiu o zénite da sua carreira em Portugal, segundo os conhecimentos que hoje possuímos sobre a mesma. No trabalho que desenvolveu na nova biblioteca de Coimbra, continuou a empregar as majestosas formas francesas de decoração, que trouxe consigo para Portugal, combinando-as, tal como já tinha feito no túmulo do bispo na Vista Alegre, com certas modenaturas tradicionais absorvidas no seu país de adoção. A biblioteca revela, porém, uma nova maturidade, expressa na maior clareza, quase a roçar a austeridade do desenho do seu exterior e na nobre unidade da decoração do seu interior. Ao mesmo tempo que criava esta obra-prima, Laprade parecia estar a experimentar novas formas no portal da igreja do Senhor das Barrocas, em Aveiro. Esse trabalho, cuja conceção base se relaciona com o portal da biblioteca de Coimbra, contém elementos derivados do estilo de Borromini, que Ludovici trouxe de Itália quando veio para Portugal em 1702, mas que ainda não tinha aplicado em larga escala até ao início da obra de Mafra, em 1717. Uma vez que esta data coincide com a datação putativa do portal de Aveiro, pensamos que é evidente atribuir a Laprade um papel relevante no lançamento do novo estilo italianizante, que iria dominar as construções mais relevantes do reinado de D. João V em Portugal e, após 1740, aquelas da grande colónia que era o Brasil.

Na etapa final da sua atividade em Portugal, Claude Laprade continuou a desenvolver este estilo, afirmando-se como um dos principais desenhadores dos grandiosos retábulos de talha dourada e policromada, uma das mais características produções da arte joanina portuguesa.

(Robert C. Smith)

Notas

(1) Teófilo Braga, *História da Universidade de Coimbra*, vol. II, p. 151.Veja-se também o nosso artigo "Early works of Claude Laprade and the style Louis XIV in Portugal", *Gazette des Beaux-Arts*, October 1954.

(2) "Depois da paz de Utrecht em 1715 começou este Reino a respirar e D. João o 5.º pôde deitar as vistas sobre as sciências e boas artes". Cyrilo Wolkmar Machado, *Collecção de Memorias, relativas às vidas dos pintores, e architectos, e gravadores portugueses* (...), Lisboa, na Imp. de Victorino Rodrigues da Silva, 1823, p. 188.

(3) A biblioteca que existia foi, em grande parte, reunida sob as ordens de Filipe III de Espanha (que reinou como Filipe II de Portugal) em 1604, sob supervisão do Reitor Francisco de Castro (1605-1611). Veja-se Teófilo Braga, *op.cit.*, vol. II, pp. 816, 819. Localizava-se numa das novas salas dos Gerais, para as quais Laprade esculpiu uma sobreporta simbólica.

(4) Bernardo Brito Botelho, *História Breve de Coimbra*, Lisboa, 1733, p. 25, p. 48 na 2.ª edição anotada por A.F. Barata, Imprensa Nacional, 1873. Isto foi durante o reitorado de F. Nuno da Silva Teles II (1715-1719), que era o segundo filho do irmão mais velho de D. Nuno, D. Manuel, terceiro Marquês de Alegrete, cf. António Caetano de Sousa, *Memórias historicas, e genealógicas dos grandes de Portugal*, Lisboa, Na Regia Officina Sylviana, e da Academia Real, 1755, p. 68-69. O projeto foi publicado como parte da ilustração do nosso artigo "Early works of Claude Laprade (...)", fig. 2, D.

(5) *Guia de Portugal*, vol. III, p. 278.

(6) Bernardo Brito Botelho, *op. cit.*, p. 23.

(7) Sobre Mafra e a igreja da Patriarcal, veja-se o meu[140] "J. F. Ludovice, An Eighteenth Century Architect in Portugal", *Art Bulletin*, vol. XVIII, n.' 3, Setembro, 1936, pp. 273-370.

(8) No arquivo da Universidade de Coimbra existem nove volumes de um conjunto de registos que se compunha, originalmente, de onze. São documentos manuscritos de registos de contas, conhecidos como "Obras da Livraria". Referem que as despesas começaram com a escavação das fundações do edifício da biblioteca, em 30 de Abril de 1717. Pedra das pedreiras de Ilhastro, Portunhos e Ançã é mencionada em Maio, assim como o nome de João Roiz de Almeida, mestre carpinteiro da Universidade, que parece ter dirigido a maior parte do trabalho. No Outono de 1717 trazia-se tijolo de Sangalhos; o mestre serralheiro de Coimbra, Bernardo Vieira, estava a fazer as barras de ferro para as janelas do andar inferior da biblioteca; e a 27 de Novembro pagou-se ao marceneiro Manuel Moreira 4$000 reis por um projeto para esta área do edifício. Até Janeiro de 1719 cortava-se madeira de castanheiro, sob a direção de Almeida. Em Dezembro desse ano, estavam a ser feitas estantes de castanheiro e pinho, sob a direção do Mestre Gaspar Ferreira. Estavam também a erguer uma grua para levantar o lintel e as colunas do portal de entrada, que foram colocados em 16 de Abril de 1720, novamente sob a supervisão de Ferreira. Em 25 de Maio desse ano estava a ser preparada madeira para o telhado e em Setembro misturava-se estuque para o teto. Aqui, a história é interrompida devido aos dois volumes em falta. No entanto, foi durante este período, em 1723, que António Simões Ribeiro e Vicente Nunes, de Lisboa, foram pagos para pintarem as decorações alegóricas dos tetos das três salas da biblioteca.[141] Em Fevereiro de 1725, Albano dos Reis fornecia vidro para quatro grandes janelas e João Roiz de Almeida foi pago para esculpir os ornamentos para a balaustrada da varanda. De acordo com estas contas, que vão até 1728, foram gastos 47:596$822 de um total de 49:140$200 reis, doados pela coroa. Florêncio Mago Barreto Feio lista as despesas totais em 66:622$129 reis, *Memória histórica e descriptiva á cêrca da biblioteca da universidade de Coimbra,* Coimbra, 1857, pp. 25-36.

(9) José Ramos Bandeira, "Universidade de Coimbra- Paço das Escolas e Casa dos Mellos", *O Instituto,* vol. 92, 2.ª parte, Coimbra, Gráfica de Coimbra, 1947, pp. 457-700, *Guia de Portugal*, vol. III, 1927, p. 278.

(10) Mais sugestivo do estilo de Ludovice é o campanário no canto noroeste do pátio da Universidade, cujo plano se sabe ter sido obtido em Lisboa, construído entre 1728 e 1732, Florêncio Mago Barreto Feio, *op. cit.*, p. 37.

11) Representado no meu artigo[142], "Early works of Claude Laprade (...)" fig. 9.

---

[140] Por engano Smith cita o seu texto da *Gazette des Beaux-Arts*, que é referente a Laprade. Revimos para a correta citação da revista *Art Bulletin*.

[141] Veja-se o artigo de Raggi, G. (2018). À conquista da sabedoria: a pintura de quadratura e o programa iconográfico da Biblioteca Joanina. *Boletim da Biblioteca Geral da Universidade de Coimbra*, Imprensa da Universidade de Coimbra. 48, 37-90.

[142] Smith cita o seu texto sobre Ludovice querendo referir-se ao que escreveu sobre Laprade. Revimos para a citação correta.

12) *Ibidem*, fig. 15[143].

13) O arco de Marot foi, aparentemente, destinado a servir como porta da cidade. Cf. *Das ornamentwerk des Daniel Marot*, Ernest **Wasmuth**, Berlin, 1892, p. 26. A fachada da biblioteca está também relacionada com as construções de um só andar na entrada dos pátios dos parisienses *hôtels particuliers*[144], nas quais um arco entre colunas acopladas era uma composição comum no início do século XVIII. Veja-se Louis Hautecoeur, *Histoire de l'architecture classique en France*, vol. III, Paris, 1950, pp. 186-189. O motivo na arte francesa pode ser rastreado numa gravura de J.A Du Cerceau de 1534. Cf. Heinrich von Geymüller, *Les Du Cerceau, leur vie et leur œuvre*, Paris, 1887, **fig. 19.**

(14) Veja-se[145] o meu "Early works of Claude Laprade (...)", fig. 1.

(15) *Ibidem*, fig. 5, 6 e 7.

(16) Em França, nesta época, a roseta do capitel jónico foi substituída de forma experimental por galos, flores-de-lis e símbolos das grandes ordens de cavalaria francesas, cf. Louis Hautecoeur, *op. cit.*, vol. II, pp. 352-354.

(17) Sendo substituída pelo uso de monótonas bocas de canhão sob influência maneirista espanhola. As bicas na capela de Versalhes (ca. 1700-1710) terminam em bocas de monstros.

(18) Para evitar dar crédito a Claude Laprade por demasiadas inovações, deve ser recordado que ele estava a trabalhar em Portugal num tempo de revivalismos, principalmente na escultura em madeira, dos fantásticos pássaros e animais da decoração manuelina. Esta tendência fez parte daquilo a que denominei de Estilo Nacional, que floresceu entre 1675 e 1725, cf. Robert C. Smith "The Portuguese woodcarved retable, 1600-1750", *Belas-Artes*, 2.ª série, n.º 2, 1950, pp. 21-27.

(19) De acordo com D. António Caetano de Sousa, dezanove arcos triunfais foram erguidos, aparentemente, de materiais efémeros, pelas corporações e colónias estrangeiras entre o percurso do palácio real para a sé, na procissão de 22 de Dezembro de 1708. Cf. D. António Caetano de Sousa, *História genealógica da casa real portuguesa*, Lisboa, tomo VIII, 1741, p. 36 (edição da Academia Portuguesa da História e QuidNovi, 2007). Um destes, o arco dos ingleses, foi desenhado por Carlos Gimac, cf. *Discripçam do arco triunfal que a naçam Ingleza mandou levantar* (...), Lisboa, na Officina de Valentim da Costa Deslandes, 1708, p. 4, Francisco Marques de Sousa Viterbo *Diccionário histórico e documental dos architectos, engenheiros e constructores portugueses ou a serviço de Portugal*, vol. I, Lisboa, 1899, p. 424. D. António Caetano de Sousa ao descrever a procissão, menciona apenas de passagem os arcos triunfais, não descrevendo nenhum deles, *op. cit.*, vol. VIII, p. 36 Se esta interpretação for a correta, o arco não identificado

---

[143] O retrato de mármore de D. João V na sacristia do mosteiro de S. Vicente de Fora, em Lisboa é atribuído por Smith a Laprade sem prova documental. Sobre esta questão veja-se o capítulo de livro de Saldanha, S.C. (2010). A escultura em São Vicente de Fora: projecto, campanhas e autores. (pp. 195-196). In Sandra C. S. (ed.). *Mosteiro de São Vicente de Fora. Arte e História*. Centro Cultural do Patriarcado de Lisboa, no qual a autora refuta esta atribuição.

[144] Em francês. Nota da tradutora.

[145] Smith cita o seu texto sobre Ludovice querendo referir-se ao que escreveu sobre Laprade. Revimos para a citação correta.

aqui, atribuído a Claude de Laprade, pertenceria a um período de atividade posterior, quando o escultor se dedicava a desenhar retábulos em Lisboa.[146]

(20) Foi R.C. Taylor que me chamou a atenção para esta inscrição, numa carta de 23 de Junho de 1953. As bicas na capela de Versalhes (c. 1700-1710) terminam em bocas de monstros.

(21) Bernardo Brito Botelho chamou-lhe "grandioso pórtico", *op. cit.*, p. 231.

(22) *Ibidem.*

(23) A Biblioteca de Coimbra foi muito apreciada por um dos primeiros estrangeiros a escrever extensamente sobre arte portuguesa. O conde Atanazy Raczynski, ministro polaco em Portugal, achou-a "la plus belle, la plus richement ornée, que j´aie jamais visitée", *Les arts en Portugal*, Paris, 1846, p. 471. Esta e outras bibliotecas portuguesas do século XVIII gozavam de considerável fama, mesmo entre os espanhóis, que eram geralmente indiferentes a coisas do reino vizinho. Um deles, José Martínez Moreno, escreveu de Lisboa a 12 de Maio de 1772 *"en Coimbra vimos la Biblioteca, y Aulas de Universidad (...) a cuya vista deven arriconnarse a las de nuestra España. En punto de Librerias es mui profuso el genio destos Naturales; pues en cualquiera Combento [sic] se halla mucha abundancia, y mucha curiosidade, Es singular en esta parte la del de Mafra"*[147], Fidelino de Figueiredo, "Viajantes espanhoes em Portugal", *Boletins da Faculdade de Filosofia, Ciências e Letras da Universidade de São Paulo*, vol. LXXXIV, 1947, p. 13. Também Charles d'Hautefort elogiou as bibliotecas monásticas de Lisboa, que no início do século XIX continham entre 30.000 a 50.000 volumes, cf. *Coup-d´oeil sur Lisbonne et Madrid en 1814*, Paris, 1820, pp. 36-48-49 e 51.
Com a extinção das comunidades monásticas, em 1834,[148] estes livros foram incorporados nas coleções públicas e a maioria dos ricos interiores destes monumentos foram gradualmente desmantelados. Dois excecionais exemplos sobreviveram, porém. São as bibliotecas do antigo convento do Santíssimo Sacramento dos Paulistas[149] e a do antigo convento de Mafra. Podem ser estabelecidas comparações com as excelentes bibliotecas monásticas da Europa

---

[146] A nota original escrita por Smith confundia os arcos do casamento de D. João V com aqueles que foram construídos para o casamento do seu filho D. José I. Optámos por eliminar esse trecho do texto, pois certamente não teria passado no crivo da revisão ao manuscrito, por Smith ou por um seu colega.

Se dos arcos do casamento de D. João V existem breves comentários sobre os mesmos, de que a melhor fonte é ainda a *História Genealógica da Casa Real Portuguesa* redigida por D. António Caetano de Sousa e o opúsculo sobre o arco dos ingleses, como acima se refere, sobre os arcos do casamento de D. José nada se encontra na bibliografia coeva. Existe, em azulejaria, no claustro do convento da Ordem Terceira de São Francisco, em Salvador da Bahia, Brasil um conjunto de azulejos figurados cujas cenas representam a entrada em Lisboa dos recém-casados D. José e D. Mariana Vitória, onde se observam arcos triunfais. Contudo, estas representações há muito que estão classificadas como imaginárias.

[147] Em espanhol. Nota da editora.

[148] 1835 no original. Revimos para a data correta, 1834.

[149] Atualmente pertencente à igreja paroquial de Santa Catarina de Alexandria, em Lisboa.

Central, cf. F. Hepner, "Libraries of the Baroque in Bavaria and Austria", *Architectural Review*, vol. CVII, n.º 640, Abril 1950, pp. 255-260.

(24) A comparação deriva de Albrecht Haupt, que escreveu em 1895, "die von Joao V neu erbaute herrliche Bibliothek, sin Seiten stuck zu der Fisher von Erlach in Wien", *in Die Baukunst der Renaissance in Portugal,* Frankfort, vol. I, p. 91. Uma descrição da Hofbibliotek é fornecida por Hans Seldmayer, *Osterreichische Barok Architektur, 1600-1740,* Vienna, 1930, p. 75, fig. 60.

(25) Robert C. Smith, "Portuguese Baroque Woodcarving", in *Magazine of Art,* vol. 43, n.º 6, Oct. 1950, pp. 218-320.

(26) Ver nota 7.

(27) Ver também o meu artigo "Early works of Claude Laprade (...)", fig. 9.

(28) Pensa-se que o retrato é trabalho do pintor milanês Agostinho Binetti,[150] cf. Augusto Mendes Simões de Castro, *Guia histórico do viajante em Coimbra e arredores,* Coimbra, 1867, p. 176. V. Correia descobriu que Binetti estava a viver em Lisboa em 1741, no final da Calçada do Combro, cf. Vergílio Correia, "Artistas italianos em Portugal: século XVIII (1ª. metade)", *Biblos Revista da Faculdade de Letras da Universidade de Coimbra.* Coimbra, vol. VIII, 1932, p. 128, onde estava empregado como cenógrafo, cf. Emilio Lavagnino, *Il genio Italiano all´estero. Gli artisti in Portogallo,* Roma, 1940, pp. 133 e 163. Por baixo do retrato real existe uma inscrição:

> "Regia, quem cernis, speculum tibi praestat imago:
>
> In Speculo totum, quod capit aula vides,
>
> Quaeque augusta patent, Ionannis Ordine Quintus
>
> Condidit: aeternum principe vivat opus".

(29) É pertinente notar que a esfera armilar aparece nas faixas dos génios trombeteiros da página de rosto da edição de 1654 dos estatutos da Universidade e que uma coruja está colocada ao lado da figura sentada que simboliza a instituição.

(30) *Nouvelles Chemiée [sic] faittes en plusier [sic] endroits de la Hollande,* Ernest Wasmuth, *op. cit.,* p. 146. Decorações pseudo chinesas muito semelhantes podem ser vistas no cadeiral do antigo Convento de Cristo, em Aveiro.

(31) Vergílio Correia e A. Nogueira Gonçalves, *Inventário Artístico de Portugal. Cidade de Coimbra,* vol. II, Lisboa, 1947, p. 92. O drapeado policromo em madeira esculpida, seguro por *putti* voadores em ambos os lados do retábulo, é quase igual ao do retrato de João V na biblioteca em Coimbra, *Ibidem.,* fig. CXXXIV.

(32) Esta é uma outra característica da decoração Luis XIV. O motivo foi gravado em muitas ocasiões, por exemplo no livro de Balthasar Moncornet *Livre nouveau*

---

[150] A autoria deste retrato de D. João V foi atribuída com sólidos argumentos a Domenico Duprá por Carvalho, A. *D. João V e a arte do seu tempo (...). (p. 225)* e reiterada, anos mais tarde (1994), no seu texto Retrato de D. João V (pp. 256-259). In Nuno S. (e.d.) - *A pintura em Portugal ao tempo de D. João V 1706-1750. Joanni V Magnifico.* IPPAR.

de toutes sortes d´ouvrages d´orfèvres, Paris, about 1670, reprinted in London, 1888, fig. 5.

(33) A sacristia é um belo exemplo de interiores policromados, tal como praticado em Portugal nos primeiros anos do reinado de D. João V. À volta do centro da parede corre uma larga banda de talha dourada, incorporando um grupo de pinturas brilhantemente coloridas. Por baixo desta banda existe um silhar de azulejos azuis e brancos. Por cima, a abóboda é decorada com maciças grinaldas e arabescos em tons vivos sobre gesso branco.

(34) Marques Gomes, *Memórias de Aveiro*, Aveiro, 1875, pp. 101-102. Esta igreja localiza-se a alguma distancia do então centro da cidade, na estrada para Esgueira. As palavras portuguesas da evocação podem ser traduzidas por "Nosso Senhor dos Vales".

(35) A imagem, conhecida como o Senhor Jesus das Bouças está ligada ao *Volto Santo de Luca*. O culto foi levado para o Brasil no século XVIII, onde prospera em Congonhas do Campo, Minas Gerais, cf. Robert C. Smith, "Colonial Architecture of Minas Gerais", *Art Bulletin*, vol. XXI, 1939, p. 138.

(36) Alberto Souto (1952). Aveiro (p. 22). *Arte Antiga em Portugal*. Marques Abreu. I.

(37) Reynaldo dos Santos, *L´art portugais*. XVI congrès international d´Histoire de l´art, Lisbonne-Porto, 1949, p. 27.

(38) *Ibidem*.

(39) A atribuição é feita em Souto, *op. cit.*, p. 22.

(40) *Ibidem*. A semelhança entre o portal principal e o da Biblioteca em Coimbra foi notada por Carlos de Passos em 1944, cf. *Guia de Portugal*, vol. III, p. 495, mas sem nenhuma tentativa de atribuição.

(41) Especialmente a moldura do nicho cego do primeiro andar da Torre de S. Andrea delle Fratte em Roma, desenhada em 1653, cf. Eberhard Hempel, *Francesco Borromini*, Viena, 1924, fig. 109.

(42) Publicado pela primeira vez em Parma, em 1711.

(43) Filipo Juvara (1674-1736) veio a Portugal em Novembro de 1719 e aí permaneceu durante seis meses, fazendo desenhos para acrescentos ao Palácio Real em Lisboa e para a igreja Patriarcal, alguns dos quais estão na Biblioteca de Turim.[151] Para consideração de outros italianos a trabalhar em Lisboa para D. João V, ver Lavagnino, *op. cit.*, pp. 85-123.[152]

(44) Fundado em 1613 pelas Carmelitas Descalças, o edifício foi terminado em 1643, Passos, *op.cit.*, p. 494.

---

[151] O estudo sobre a conjuntura da vinda de Juvara para Portugal e os projectos de arquitectura que desenhou para D. João V pode ser lido no recente trabalho de Raggi, G. (2020) - *O projeto de D. João V. Lisboa Ocidental, Mafra e o urbanismo cenográfico de Filippo Juvara*. Caleidoscópio.

[152] Estudos mais recentes sobre artistas italianos que trabalharam em Portugal para D. João V têm contribuído para o avanço do conhecimento nesta área e têm promovido novas análises e debates sobre o estado da arte nesta matéria.

(45) Estes encontram-se ilustrados em Georges Pillement, *Les Hôtels du Marais*, Paris, 1948, fig. XXXV e XLV.

(46) A voluta da igreja do Senhor das Barrocas está inscrita com as palavras:

"Domus Mea Domus Orationis Vocabitur

Pulsate et Aperietur Vobis"

Na da Biblioteca da Universidade de Coimbra lê-se:

"Lusiadae, Hanc Vobis Sapientia Condidit Arcem

Directores Libri: Miles et Arma Labor".

Uma voluta semelhante está colocada por cima do arco no interior.

(47) Este desenho, que sugere a secção superior de um octógono irregular, era o dispositivo preferido de Borromini para aumentar a tensão da sua arquitetura. Parece ter sido usado pela primeira vez por este arquitecto num dos apartamentos do Oratório de Filippo Neri, em Roma, e nos nichos do rés-do-chão da sua fachada (1637-1640). Surge nas varandas interiores da igreja da Universidade de Ivo della Sapienza (1642-1660), no portal mais pequeno da igreja do convento feminino de Santo Agostinho de S. Maria de' Sette Dolori (1652) e, finalmente, nos nichos laterais da fachada do andar térreo da sua obra mais conhecida, S. Carlo alle Quattro Fontane (1662-1667). Todos estes edifícios romanos estão ilustrados em Hempel, *op. cit.*, figs. 37, 39, 75, 79 e 123.

(48) Este género de abertura surge nas portas da capela-mor da igreja do Menino Deus (ver nota 37) e no alpendre da igreja lisboeta de N. S. das Necessidades, construída em 1745-1750 segundo projeto de Caetano Tomaz de Sousa. Foi usada para uma passagem abobadada adjacente à antiga igreja de século XVIII de Santa Tereza no Recife, Brasil. O motivo foi também frequentemente utilizado nos lintéis do rés-do-chão de grandes casas, quer em Portugal, quer no Brasil.

(49) Eu escrevi brevemente sobre este estilo no meu "Palacio de los gobernadores de Gran-Pará", *Annales del Instituto de arte americano e investigaciones estéticas*, Buenos Aires, Vol. 4, 1951, pp. 9-26.

(50) Ambos eram, em parte, o produto da generosidade real e, como tal, com direito a exibir as armas reais. A construção da igreja do Senhor das Barrocas foi apoiada pela contribuição dos impostos, cf. Marques Gomes, *op. cit.*, pp. 101-102.

(51) Fotografias do interior foram publicadas em Alberto Souto, *op. cit.*, fig. 34 e 35 e do altar-mor no meu artigo "The Portuguese Woodcarved Retable (...)", fig. 25.

(52) *Guia de Portugal*, vol. II, p. 576.

BIBLIOGRAFIA

Estudos

A arte em Portugal no século XVIII. Congresso Internacional de Estudos em Homenagem a André Soares (1973-1974). *Bracara Augusta*. XVII e XVIII.

Almeida, M. L. (1971) - *Artes e Ofícios em Documentos da Universidade*. Imprensa de Coimbra Lta. II.

Almeida, M. L. (1937) - *Documentos da Reforma Pombalina* (1771-1782). Universidade de Coimbra. I.

Almeida, O. T. (2013). Manoel da Silveira Cardozo (1911-1985) – Um historiador picoense nos Estados Unidos. *Boletim do Núcleo Cultural da Horta*.

Almeida, A. J. op. (2005). A mobilidade do impressor quinhentista Pedro de Mariz. In Natália M. F-A. (ed.). *Artistas e Artífices e a sua mobilidade no mundo de expressão portuguesa: actas do VII Colóquio Luso-Brasileiro de História da Arte*. CEPESE- Universidade do Porto.

Alves, A. (1982). A actividade de Gaspar Ferreira em terras do interior Beirão. *Mundo da Arte*. 6.

Alves, A. (1980). Artistas e Artífices nas Dioceses de Lamego e Viseu. *Revista Beira Alta*. XXXIX, facs 3 e 4.

Alves, A. (1959). A Santa Casa da Misericórdia de Mangualde. *Revista Beira Alta*. XVIII.

Girão, A., Correia, V. e Soares, T. S. (1939) - *Coimbra e Arredores*. Comissão Municipal de Turismo.

Bandeira, J. R. (1947) - *Universidade de Coimbra. Edifícios do Corpo Central e Casa dos Melos* I. Casa do Castelo.

Bazin, G. (1960). La Bibliothèque la plus fausteuse que j'aie jamais vu. *Connaissance des Arts*, 100.

Botelho, Bernardo de Brito. (1873) - *Historia Breve de Coimbra*. (2.ª ed.). Imprensa Nacional.

Braga, T. (1892-1902) - *História da Universidade de Coimbra nas suas relações com a instrução pública*. Academia Real das Ciências.

Braga, T. (1894) - *Dom Francisco de Lemos e a Reforma da Universidade de Coimbra*. Typographia da Academia Real das Sciencias.

Bric-à Brac. Notas Históricas e Arqueológicas. (1926). Livraria Fernando Machado editora.

Carvalho, J. M. T. (1914). Pedro de Mariz e a Livraria da Universidade de Coimbra. *Boletim bibliográfico da Biblioteca da Universidade de Coimbra*. 1.

Carvalho, A. (1962) - *D. João V e a Arte do Seu Tempo*. Edição de autor. II.

Carvalho, A. (1964). Novas revelações para a história do Barroco em Portugal. II-O mestre das gloriosas máquinas douradas da Lisboa setecentista. O artista Claude de Laprade (1682-1738). separata de *Belas-Artes*. 20.

Carvalho, A. (1994) - Retrato de D. João V. In Nuno S. (ed). *A pintura em Portugal ao tempo de D. João V 1706-1750. Joanni V Magnifico*. IPPAR.

Castro, A.M.S. (1880) - *Guia Historico do Viajante em Coimbra* (2.ª edição). Imprensa da Universidade.

Coelho, T. C. (2014) - *Os Nunes Tinoco, uma dinastia de arquitectos régios dos séculos XVII e XVIII*. (Tese de doutoramento em História da Arte, Faculdade de Ciências Sociais e Humanas da Universidade NOVA de Lisboa). I.

Correia, V. (1932). Artistas italianos em Portugal: século XVIII (1ª. metade). *Biblos Revista da Faculdade de Letras da Universidade de Coimbra*. VIII.

Correia, V. (1946) - Obras Antigas da Universidade. In *Obras*. Por Ordem da Universidade de Coimbra. I.

Correia, V. e Gonçalves, A. N. (1947) - *Inventário Artístico de Portugal. Cidade de Coimbra*. Academia Nacional de Belas-Artes.

Costa, A.C. (1868-1869) - *Corografia Portugueza e Descripçam Topografica do Famoso Reyno de Portugal*. (2.ª edição). Typ. de Domingos Gonçalves Gouveia. II.

Costa, L. X. (1934) - *As belas-artes plásticas em Portugal durante o século XVIII*. J. Rodrigues & Co.ª.

Das ornamentwerk des Daniel Marot. (1892) - Wasmuth, E.

Discripçam do arco triunfal que a naçam Ingleza mandou levantar (...). (1708). Officina de Valentim da Costa Deslandes.

Espanca, T. (1972). Convento de S. Paulo da Serra de Ossa. *A Cidade de Évora*. XXIX 55.

Feio, F. M. B. (1857) - *Memória Histórica e Descriptiva à cerca da Biblioteca da Universidade de Coimbra*. Imprensa da Universidade.

Ferreira, S. (2017). From stone to wood: Claude Laprade (c. 1675-1738) and his journey from Provence to Portugal. In Kathryn W., Jessica D., Matej K. (eds). *Artists and migration 1400-1850, Britain, Europe and beyond*. Cambridge Scholars Publishing.

Ferreira, S. (2002) - *A talha dourada do altar-mor da igreja de Santa Catarina, em Lisboa. A intervenção do entalhador Santos Pacheco*. (Dissertação de mestrado em História da Arte, Universidade Lusíada de Lisboa).

Ferreira, S. (2022). Gold on Blue in Philadelphia. Robert C. Smith and the Installation of the 'Portuguese Chapel' at the Samuel S. Fleisher Art Memorial. *RIHA Journal* (Novembro).

Ferreira, S. (2015) - Reflexos em vermelho e ouro. Chinoiserie e talha ou a construção de um modelo de renovação artística. In Luís F. B., Vítor S. (eds.). *Património Cultural Chinês em Portugal*. Centro Científico e Cultural de Macau.

Ferreira, S. (2019) - Claude Laprade: um escultor do Barroco entre a Provença e Portugal. In Paulo A. F., Ana Paula A. (eds.). *Lisboa Plural: 1147-1910*. Museu de Lisboa.

Ferreira, S., Rosada, M. (2023) - A policromia poliédrica. Do douramento à *chinoiserie* no barroco luso-brasileiro. In Manuel G. L., Francisco J. H. G. (eds.). *Color y Ornamento. Estudios sobre polícromía en el mundo ibérico (s. XVII y XVIII)*. Universidad de Granada.

Ferreira-Alves, N. M. (2001) - *A escola de talha portuense e a sua influência no norte de Portugal*. Edições Inapa.

Figueiroa, F. C. (1937) - *Memórias da Universidade de Coimbra*. Por Ordem da Universidade de Coimbra.

Figueirôa-Rêgo, J. (2013) - Das instâncias académicas de Coimbra ao Santo Ofício e à Mesa da Consciência e Ordens: in(ter)dependencia(s), sociabilidades e interesses. In Fátima F., Hermínia V. V., Mafalda S. C. *Centros Periféricos de Poder na Europa do Sul (Séculos XII-XVIII)*, (eds.). Colibri-CIDEHUS/UÉ.

Figueiredo, F. (1947). Viajantes espanhoes em Portugal. *Boletins da Faculdade de Filosofia, Ciências e Letras*. LXXXIV, 3.

Fonseca, F. T. (2007). The Social and Cultural Roles of the University of Coimbra (1537-1820). Some Considerations. *e-Journal of Portuguese History*, n.º 5 https://www.brown.edu/Departments/Portuguese_Brazilian_Studies/ejph/html/issue9/html/ffonseca_main.html.

França, J. A. (1965) - *Une ville de lumiere, la Lisbonne de Pombal*. Publicações da École Pratique des Hautes Études.

Garcia, P. Q. (1923) - *Documentos para as Biografias dos Artistas de Coimbra*. Imprensa da Universidade.

Marques Gomes. (1875) - *Memórias de Aveiro*. Typ. Commercial.

Geymüller, H. (1887) - *Les Du Cerceau, leur vie et leur œuvre*. J. Rouam.

Gonçalves, A. A. (1899) - Breve Noção sobre a História das Ceramicas em Coimbra. In Charles P. (ed.). *Estudo Chimico e Technologico sobre a Ceramica Portugueza Moderna*. Imprensa Nacional.

Gonçalves, A. N. (1959) - *Inventário Artístico de Portugal. Distrito de Aveiro*. Academia Nacional de Belas-Artes. VII.

Gonçalves, F. (1971-1972). Uma Obra Notável de Francisco Machado. *Bracara Augusta*. XXV-XXVI.

Gschwend, A. (2015). Olisipo, *Emporium Nobilissimum*: global consumption in renaissance Lisbon. In AnneMarie G., K. J. P. L. (eds). *The global city on the streets of the renaissance*. Paul Holberton Publishing.

Haupt, A. (s.d.) - *A arquitetura da renascença em Portugal*. J. Rodrigues Livreiros Editores.

Hautecoeur, L. (1950) - *Histoire de l´architecture classique en France*. Picard. III.

Hautefort C. (1820) - *Coup-d´oeil sur Lisbonne et Madrid en 1814*. Delauney.

Hempel, E. (1924) - *Francesco Borromini*. Schroll.

Hepner, F., (1950) - Libraries of the Baroque in Bavaria and Austria. *Architectural Review*. CVII, 640.

História da Arte em Portugal. (1986) - Publicações Alfa. VII.

Hobson, A. (1970) - *Great Libraries*. Weidenfeld & Nicolson.

Johnson, E. D. (1965) - *A History of Libraires in the Western World*. Scarecrow Press.

Lavagnino, E. (1940) - *Il genio Italiano all´estero. Gli artisti in Portogallo*. La Libreria dello Stato.

López-Salazar, A. (2017) - Una oligarquía eclesiástica en Portugal durante el antiguo régimen: catedráticos, canónigos e inquisidores. *Librosdelacorte.es MONOGRÁFICO*. 6, 9.

Machado, C. W. (1823) - *Collecção de Memorias, relativas às vidas dos pintores, e architectos, e gravadores portugueses (...)*. Imp. de Victorino Rodrigues da Silva.

Masson, A. (1972) - *Le décor des bibliothèques*. Doz.

Mendes, P., Fiolhais, C. (2013) - *Biblioteca Joanina, Universidade de Coimbra*. Imprensa da Universidade de Coimbra.

Moncornet, Balthasar. (1888) - *Livre nouveau de toutes sortes d´ouvrages d´orfèvres*. c.1670. Bernard Quaritch.

Mourão, C. (2009) - Sala do Senado. História e Iconografia. In Teresa P. (ed.). *Sala do Senado*. Assembleia da República-divisão de edições.

Neto, M. J. (2022) - *Arquitetura Medieval Portuguesa. O olhar da americana Georgiana G. King em 1935*. Caleidoscópio.

Neves, Amaro (1984) - *Aveiro. Arte e História*. ADERAV.

Pais, A. N., Pacheco, A., Coroado, J. (2007) - *Cerâmica de Coimbra: do século XVI-XX*. INAPA.

Pillement, G. (1948) - *Les Hôtels du Marais*. Editions Terra.

Pimentel, A. F. (2005) - António Canevari e a torre da Universidade de Coimbra. In Natália M. F-A. (ed.). *Artistas e Artífices e a sua mobilidade no mundo de expressão portuguesa: actas do VII Colóquio Luso-Brasileiro de História da Arte*. CEPESE-Universidade do Porto.

Pimentel, A. F. (2002) - *Arquitectura e Poder. O Real edifício de Mafra*. Livros Horizonte.

Pimentel, A. F. (2000) - Cidade do saber/ cidade do poder: a arquitectura da reforma. In Ana C. A. (ed.). *O Marquês de Pombal e a Universidade*. Imprensa da Universidade de Coimbra.

Pimentel, A. F. (2011) - A Biblioteca da Universidade e os seus espaços. In A. E M.A. (ed.). *Tesouros da Biblioteca Geral da Universidade de Coimbra*. Imprensa da Universidade de Coimbra.

Pimentel, A. F. (2017) - Do convento de Mafra ao real edifício. *Monumentos*. 35.

Pimentel, A. F. (2013) - Do Portugal exótico ao exotismo: o fenómeno da *Chinoiserie* em Portugal. In Alexandra C. (ed.). *O exótico nunca está em casa? A China na faiança e no azulejo portugueses (séculos XVII-XVIII)*. DGPC.

Pimentel, A. F. (1989) - Gaspar Ferreira. In José F. P. (ed.). *Dicionário da arte barroca em Portugal*. Presença.

Pimentel, A.F. (1996). Manuel da Silva e a difusão do barroco nas Beiras. *Oficinas regionais. Actas do VI simpósio luso-espanhol de história da arte*, Tomar, Instituto Politécnico de Tomar.

Pimentel, H. (2018) - *Plantas centralizadas na cidade de Aveiro: a Capela do Senhor das Barrocas (1722 - 1732)*. (Dissertação de Mestrado em Arquitetura, Faculdade de Ciências e Tecnologia da Universidade de Coimbra).

Portela, M. (2020). O mestre de obras de arquitetura Gaspar Ferreira e o convento dos dominicanos da Batalha. *Jornal da Golpilheira* (Jan.-Fev).

Proença, R. (1944) - *Guia de Portugal*. Biblioteca Nacional de Lisboa.

"Professor Doutor Cónego Avelino de Jesus da Costa (1908-2000). (2007). *Revista de História da Sociedade e da Cultura*. 6.

Rackzinski, A. (1846) - *Les arts en Portugal: lettres adressées a la société artistique et scientifique de Berlin et accompagnées de documents*. Jules Renouard et C.ie. *Apollo* (1973). XCVII (Abril), 134.

Raggi, G. (2018). À conquista da sabedoria: a pintura de quadratura e o programa iconográfico da Biblioteca Joanina. *Boletim da Biblioteca Geral da Universidade de Coimbra*. 48.

Raggi, G. (2020) - *O projeto de D. João V. Lisboa Ocidental, Mafra e o urbanismo cenográfico de Filippo Juvara*. Caleidoscópio.

Russel-Wood, A.J.R. (2000) - Robert Chester Smith: investigador e historiador. In Jorge R. e Manuel C. (eds.). *Robert C. Smith (1912-1975). A investigação em história de arte*. Fundação Calouste Gulbenkian.

Saldanha S. C. (2010) - A escultura em São Vicente de Fora: projecto, campanhas e autores. In Sandra C. S. (ed.). *Mosteiro de São Vicente de Fora. Arte e História*. Centro Cultural do Patriarcado de Lisboa.

Santos, D. G. (2013) - *Azulejaria de fabrico coimbrão (1699-1801), Artífices e artistas. Cronologia. Iconografia*. (Tese de doutoramento em História da Arte Portuguesa, Faculdade de Letras da Universidade do Porto) I.

Santos Simões, J. M. (2010) - *Azulejaria em Portugal no século XVIII*, (edição atualizada por Maria Alexandra Gago da Câmara, da obra de 1979). Fundação Calouste Gulbenkian.

Santos, R. (1949) - *L´art portugais. XVI congrès international d´Histoire de l´art*, Lisbonne-Porto.

Seldmayer, H. (1930) - *Osterreichische Barok Architektur, 1600-1740*. Dr. Benno Filser Verlag.

Smith, R. C. (1966). A new museum of tiles in Lisbon. *Antiques*. 98, 6.

Smith, R. C (1963) - *A Talha em Portugal*. Livros Horizonte.

Smith, R. C. (1968). Azulejos of Cascais. *The Journal of the American Portuguese Cultural Society*. II, 4.

Smith, R. C. (1968) - *Cadeirais de Portugal*. Livros Horizonte.

Smith, R. C. (1968) - Ceramics: the Tiles. In *The Art of Portugal: 1500-1800*.Weidenfeld and Nicolson.

Smith, R. C. (1939). Colonial Architecture of Minas Gerais. *Art Bulletin*. XXI.

Smith, R. C. (1973) - *Congonhas do Campo*. Agir.

Smith, R. C. (1972). Dois Estudos Beneditinos. *Boletim da Academia Nacional de Belas-Artes*. 27.

Smith, R. C. (1954). Early works of Claude Laprade and the style Louis XIV in Portugal. *Gazette des Beaux-Arts* (Outubro).

Smith R. C. (1936). Frederico Ludovice an eighteenth century architect in Portugal. *The Art Bulletin*. 18, 3.

Smith, R. C. (1968) - *Fr. Cipriano da Cruz, Escultor de Tibães*. Livraria Civilização.

Smith, R. C. (1973). French Models for Portuguese Tiles. *Apollo*. 97, 134.

Smith, R, C. (1970) - *Marceliano de Araújo, escultor bracarense*. Nelita Editora.

Smith, R. C. (1966) - *Nicolau Nasoni, Arquitecto do Porto*. Livros Horizonte.

Smith, R. C. (1973). O pintor Manuel da Silva na Universidade de Coimbra. *O Comércio do. Porto*. 291, 23 de outubro.

Smith, R. C. (1951). Palacio de los gobernadores de Gran-Pará. *Annales del Instituto de arte americano e investigaciones estéticas*. 4.

Smith, R, C. (1950). Portuguese Baroque Woodcarving. *Magazine of Art*. 43, 6.

Smith, R. C. (1964). Portuguese Church Tables. *The Connoisseur*. CLVII, 631.

Smith, R. C. (1975). Some Lisbon Tiles in Estremoz. *The Journal of the American Portuguese Cultural Society*. IX, 2.

Smith, R. C. (1968) - *The Art of Portugal (1500-1800)*. Weidenfeld and Nicolson.

Smith, R. C. (1973). The Building of Mafra. *Apollo* (Abril).

Smith, R. C. (1973). The furniture of Anthony G. Quervelle. *Antiques*. Parte I: maio de 1973, vol. 103, nº 5; parte II: julho de 1973, vol. 104, nº 1; Parte III: agosto de 1973, vol. 104, nº 2; parte IV: janeiro de 1974, vol. 105, nº 1; parte V: março de 1974, vol. 105, nº 3.

Smith, R. C. (1950). The Portuguese woodcarved retable, 1600-1750. *Belas-Artes*. 2.ª série, 2.

Smith, R. C. (1970). Três Estudos Bracarenses. *Belas Artes*. 2.ª série, 24-26.

Sousa, A. C. (1755) - *Memórias historicas, e genealógicas dos grandes de Portugal*. Na Regia Officina Sylviana, e da Academia Real.

Sousa, A. C. (2007) - *História genealógica da casa real portuguesa* (edição da Academia Portuguesa da História e QuidNovi). VIII (1741).

Visconde de Villa Maior (1877) - *Exposição Succinta da Organisação actual da Universidade de Coimbra*. Imprensa da Universidade.

Viterbo, F. M. S. (1899) - *Diccionário histórico e documental dos architectos, engenheiros e constructores portugueses ou a serviço de Portugal*. Imprensa Nacional. I.

Wohl, H. (1973). Carlos Mardel and his Lisbon architecture. *Apollo* (Abril).

Wohl, H. (2000) - Robert C. Smith e a História da Arte nos Estados Unidos. In Jorge R. e Manuel C. (eds.). *Robert C. Smith (1912-1975). A investigação em história de arte*. Fundação Calouste Gulbenkian.

Fontes

ARQUIVO DA UNIVERSIDADE DE COIMBRA (AUC). *Registo das Leis, Decretos, Portarias e Mais Artigos de Legislação Relativos Á Biblioteca da Universidade*, fl. 4 (AUC-IV-1.ª- E-1-2-7).

AUC. *Livro de Alvarás, Cartas e Provisões Régias*, Vol. 4 (1616-1746), fl. 43 (AUC, IV-1.ª- D-3-2-26).

AUC. *Biblioteca, Livro de Registo de Receita e Despesa de Obras*, Vol. I (1717) a Vol. 11 (1728) (AUC-IV- 1º - E-1-2-8 a 16).

AUC. *Construção da Biblioteca Joanina, Férias e Materiais* (1717-1728) (IV- 1.ª E-1-13 a IV- 1.ª- E-1-2-5).

AUC. *Construção da Biblioteca Joanina, Férias e Materiais* (1717-1718) (AUC-IV-1.ª- E - 1-1-13).

AUC. *Construção da Biblioteca Joanina, Férias e Materiais* (1717-1718) (AUC-IV-1.ª E-1-1-14).

AUC. *Construção da Biblioteca Joanina, Férias e Materiais* (1723-1724) (AUC-IV-1.ª E-1-2-1).

AUC. *Construção da Biblioteca Joanina, Obras*, Cx. 3 (1719) (AUC - IV- 1.ª E-1-1-15).

AUC. *Construção da Biblioteca Joanina, Obras*, Cx. 4 (1720-1722) (AUC-IV-1.ª E-1-1-16).

AUC. *Construção da Biblioteca Joanina, Obras*, Cx. 5 (1723-1724) (AUC-IV-1.ª E-1-2-1).

AUC. *Construção da Biblioteca Joanina, Obras*, Cx. 6 (1725-1726) (AUC-IV-1.ª E-1-2-2).

AUC. *Construção da Biblioteca Joanina, Obras*, Cx. 9 (1740-1743), fl. 4 de 1742 (AUC-IV, 1.ª E- 1-2-5).

AUC. *Livro de Receita e Despeza da Universidade*, Vol. 23 (1721-1724), fls. 80 v.º, de 1723. (AUC-IV-1.ª E-12-3-23).

AUC. *Livro de Receita e Despeza da Universidade*, Vol. 23 (1721-1724), fl. 88, de 1723 (AUC-IV-1.ª E-12-3-23).

AUC. *Livro da Receita e Despeza da Universidade*, Vol. 24 (1724-1728, fl. 81 de 1728 (AUC-IV-1.ª E-12-3-24).

AUC. *Livro de Receita e Despeza da Universidade*, Vol. 25 (1728-1732), fl. 79 v.º de 1729 e fl. 72 de 1730 (AUC-IV-1.ª E12-3-25).

AUC. *Livro de Receita e Despeza da Universidade*, Vol. 26 (1732-1736), fl. 39 de 1733 (AUC-IV-1.ª E-12-3-26).

AUC. *Livro de Receita e Despeza da Universidade*, vol. 26 (1732-1736), fl. 74 de 1733 (AUC-IV-1.ª E-12-3-26).

AUC. *Livro de Receita e Despeza da Universidade*, Vol. 28 (1740-1743) fl. 77 v.º de 1742. (AUC-IV-1.ª E- 12-3-28).

AUC. *Livro de Receita e Despeza*, Vol. 29 (1744-1747), fl. 78 de 1745 (AUC- IV-1.ª E-12-3-29).

AUC. *Livro da Receita e Despeza da Universidade*, Vol. 32 (1756-1759), fl. 78 v.º (1758) (AUC-IV-1.ª E-12-3-32).

AUC. *Universidade, Documentos de Despesas de Obras*, Cx. 3 (1796) (AUC- IV-1.ª E-10-1-3).

AUC. *Livro de Registo de Folhas Correntes de Obras*, Vol. 3, (1816-1818), fl. 88 (AUC-IV-1.ª E-10-2-21).

AUC. *Livro do Registo de Receita e Despesa das Obras* (1775-1776) (AUC-IV-1.ª E-10-2-31).

AUC. *Capela: Documentos avulsos* (AUC-IV-1.ª E-2-4-20).

AUC. *Documentos relativos a bens no bispado de Bragança* (Col) (IV-1.ª E-22-3-2).

AUC. *Fundo Notarial de Coimbra*. Tabelião Francisco Gomes Pinheiro. Dep.V; Sec.I-Es; Est.9; Tab.4; N.º.25, fls.15-16.

AUC. *Paróquia da Sé (Nova) de Coimbra*, B3 (1713-1741) (AUC-III-1.ª D-4-3).

AUC. *Paróquia de S. João da Cruz*, Livro de Óbitos, 1748-96, fl. 53 (1707-1795) (AUC III -2.ª-E-3-5).

AUC. *Tomo 2 dos Baptizados da Igreja do Real Mosteiro de Santa Cruz, 1626-1726*, livro 6, fl. 88-89.

AUC. Paróquia de Santa Cruz de Coimbra, *Livro dos Cazados de S. João de Sta. Cruz*, 1711-1768, fl. 43 (AUC, C2 (1711-1768) e (AUC-III-2.ª D-3-4).

AUC. Paróquia de Santa Cruz de Coimbra *Livro de Cazados de S. João de Santa Cruz*, 1711-1768, fl.118 (AUC, C2 (1711-1768) e (AUC-III-2.ª D-3-4).

AUC.Paróquia de Santa Cruz de Coimbra, *Livro de Óbitos de S. João de Santa Cruz*, fl. 106 v.º.

BIBLIOTECA GERAL DA UNIVERSIDADE DE COIMBRA. *Secção de Manuscritos*, "Provisões do Marques de Pombal e Plantas Referentes às Obras Projectadas por Ocasião da Reforma da Universidade de Coimbra em 1772", 3083- 3084.

ACADEMIA NACIONAL DE BELAS-ARTES. *fichas de sócios*. ficha de inscrição de Robert C. Smith.

ARQUIVO PESSOAL DO ARQUITETO NUNO TASSO DE SOUSA. *Cartas de Robert C. Smith*.

ASSOCIAÇÃO DOS ARQUEÓLOGOS PORTUGUESES. *fichas de sócios*, ficha de inscrição de Robert C. Smith.

BIBLIOTECA MUNICIPAL ROCHA PEIXOTO (BMRP). *Espólio Epistolográfico de Flávio Gonçalves. Cartas de Robert C. Smith.*

DIREÇÃO-GERAL DO PATRIMÓNIO CULTURAL - FORTE DE SACAVÉM. *DRMC-241-266.*

ESPÓLIO PROFISSIONAL DE EGÍDIO GUIMARÃES. *Epistolografia.*

FUNDAÇÃO CALOUSTE GULBENKIAN. *Espólio de Robert C. Smith.*

Web

ALMEIDA, Manuel Lopes de. 1900-1980, professor universitário e político. https://archeevo.amap.pt/details?id=75273

António José Teixeira, "Livraria da Universidade", *O Instituto*, 2nd series, vol. XXXVII, 1889-1890, pp. 305-312. https://digitalis-dsp.sib.uc.pt/institutocoimbra/UCBG-A-24-37a41_v037/UCBG-A-24-37a41_v037_item1/UCBG-A-24-37a41_v037.pdf.

"Antes e Depois | Sala do Senado (1867-2017)", *Boletim da Assembleia da República-Comunicar*, janeiro de 2017. https://app.parlamento.pt/comunicar/Artigo.aspx?ID=879

"Aspectos da Arquitectura Barroca Luso-Brasileira". https://gulbenkian.pt/historia-das-exposicoes/exhibitions/127/

Carlos Mardel. In *A Casa Senhorial entre Portugal, Brasil e Goa*. http://acasasenhorial. org/acs/index.php/pt/artistas/252-carlos-mardel-1695-1763.

Gravuras de Salomon Kleiner. https://www.gettyimages.com.br/fotos/salomon-kleiner

Gravuras de Paulo Decker. https://gallica.bnf.fr/ark:/12148/btv1b10501722r/f80.item. zoom.

Casa de Infância Doutor Elyseo de Moura. http://cidemoura.pt.

RAMALHO, Américo da Costa. https://www.uc.pt/bguc/destaques/AmericoCostaRamalho

Reitores dos séculos XVII a XIX. https://www.uc.pt/sobrenos/historia/reitores_xvii_xix